DESCENTRALIZAR E CRESCER
O PODER DA MÍDIA NO DESENVOLVIMENTO LOCAL

Editora Appris Ltda.
1.ª Edição - Copyright© 2024 do autor
Direitos de Edição Reservados à Editora Appris Ltda.

Nenhuma parte desta obra poderá ser utilizada indevidamente, sem estar de acordo com a Lei nº 9.610/98. Se incorreções forem encontradas, serão de exclusiva responsabilidade de seus organizadores. Foi realizado o Depósito Legal na Fundação Biblioteca Nacional, de acordo com as Leis nos 10.994, de 14/12/2004, e 12.192, de 14/01/2010.

Catalogação na Fonte
Elaborado por: Josefina A. S. Guedes
Bibliotecária CRB 9/870

M196d
2024

Magnavita, Waldemar
　　Descentralizar e crescer: o poder da mídia no desenvolvimento local / Waldemar Magnavita. – 1. ed. – Curitiba: Appris, 2024.
　　125 p. ; 21 cm. – (Ciências sociais).

　　Inclui referências.
　　ISBN 978-65-250-5886-3

　　1. Mídia digital. 2. Comunicação no desenvolvimento da comunidade. 3. Desenvolvimento econômico. 4. Administração. I. Título. II. Série.

CDD – 302.2

Livro de acordo com a normalização técnica da ABNT

Editora e Livraria Appris Ltda.
Av. Manoel Ribas, 2265 – Mercês
Curitiba/PR – CEP: 80810-002
Tel. (41) 3156 - 4731
www.editoraappris.com.br

Printed in Brazil
Impresso no Brasil

Waldemar Magnavita

DESCENTRALIZAR E CRESCER
O PODER DA MÍDIA NO DESENVOLVIMENTO LOCAL

Appris editora

FICHA TÉCNICA

EDITORIAL	Augusto Coelho
	Sara C. de Andrade Coelho
COMITÊ EDITORIAL	Marli Caetano
	Andréa Barbosa Gouveia - UFPR
	Edmeire C. Pereira - UFPR
	Iraneide da Silva - UFC
	Jacques de Lima Ferreira - UP
SUPERVISOR DA PRODUÇÃO	Renata Cristina Lopes Miccelli
ASSESSORIA EDITORIAL	Daniela Nazario
REVISÃO	José Bernardo
PRODUÇÃO EDITORIAL	Daniela Nazario
DIAGRAMAÇÃO	Andrezza Libel
CAPA	Jhonny Alves
REVISÃO DE PROVA	Raquel Fuchs

COMITÊ CIENTÍFICO DA COLEÇÃO CIÊNCIAS SOCIAIS

DIREÇÃO CIENTÍFICA Fabiano Santos (UERJ-IESP)

CONSULTORES
- Alícia Ferreira Gonçalves (UFPB)
- Artur Perrusi (UFPB)
- Carlos Xavier de Azevedo Netto (UFPB)
- Charles Pessanha (UFRJ)
- Flávio Munhoz Sofiati (UFG)
- Elisandro Pires Frigo (UFPR-Palotina)
- Gabriel Augusto Miranda Setti (UnB)
- Helcimara de Souza Telles (UFMG)
- Iraneide Soares da Silva (UFC-UFPI)
- João Feres Junior (Uerj)
- Jordão Horta Nunes (UFG)
- José Henrique Artigas de Godoy (UFP)
- Josilene Pinheiro Mariz (UFCG)
- Leticia Andrade (UEMS)
- Luiz Gonzaga Teixeira (USP)
- Marcelo Almeida Peloggio (UFC)
- Maurício Novaes Souza (IF Sudeste-M)
- Michelle Sato Frigo (UFPR-Palotina)
- Revalino Freitas (UFG)
- Simone Wolff (UEL)

Eu gostaria de dedicar este livro àqueles que, envolvidos pelo Sistema econômico-produtivo-social, não têm a oportunidade de perceber que é possível a liberdade de dirigir suas ações de desenvolvimento fora da arquitetura oficial utilizando as mesmas ferramentas que esta utiliza. Em outras palavras, liberdade de direcionar a INTERAÇÃO com seu público dominando seus próprios canais de comunicação.

Que esta análise seja útil é o meu desejo.

AGRADECIMENTOS

Agradeço especialmente por ter sobrevivido a um acidente cardiovascular, o que me permitiu terminar este livro.

Agradeço à minha esposa, ILIA, e minha filha, PILAR, por me acompanharem durante toda a gestação da dissertação de mestrado que originou este livro, e por seu apoio e carinho durante todo o tempo até hoje.

Meu muito obrigado à Prof.ª Dr.ª Elaine Borin, que teve a paciência de me orientar em um trabalho acadêmico difícil pelo ineditismo, porque fez um corte epistemológico perpassando diferentes conteúdos de Comunicação Social, Economia e Administração.

À minha coorientadora, Prof.ª Dr.ª Branca Terra, com suas correções de rumo e o necessário rigor acadêmico.

Agradeço à Editora Appris e toda a sua equipe de editores, coordenadores, revisores, diagramadores e programadores visuais pelo apoio a mim dedicado.

E a DEUS acima de tudo.

APRESENTAÇÃO

A Mídia é onipresente em nossas vidas, e não percebemos o poder que isso significa. Ela dita nossos hábitos, preferências, escolhas, caminhos e atitudes. Grandes conglomerados se formaram transmitindo a ideia de que somente eles são capazes de chegar até pessoas selecionadas como você, e isso sai caro, muito caro. É uma despesa pesada no orçamento de um Arranjo Produtivo Local que pretende crescer e trazer a estabilidade econômica para seus membros.

Este livro apresenta uma alternativa na descentralização das ações de comunicação por meio das diferentes mídias de uma maneira mais acessível, com direcionamento ao público esperado e controle dos gastos e do retorno em termos de receitas. Isso é ter o controle, o poder e a liberdade de crescimento à medida que se deseja a relação direta com os seus esforços.

Turbinados, hoje, pela exponenciação das possibilidades de comunicação instantânea em qualquer ponto do planeta (quase) e conseguindo acompanhar cada usuário de um aparelho conectado à Internet e conhecer sua vida, seus hábitos, por onde anda, com quem anda, que lugares frequenta e, mais, acompanhando suas mensagens, as pessoas deixaram de ser uma massa controlada por indivíduos distantes para se tornarem indivíduos controlados por uma massa à distância. Termos como Big Data, CRM e o convívio total com o chamado dinheiro de plástico são onipresentes na vida da população Globalizada.

Ficamos reféns de quem tem nas mãos o controle de todo o aparato virtual e midiático do mundo. Qualquer esforço individual vai esbarrar no esforço de quem controla a atenção de milhões e milhões de indivíduos. As chamadas mídias sociais atingem todas as camadas e há disputas para ver quem tem mais contatos através delas.

As trocas comerciais, agora sob blocos e mais blocos econômicos, cortam as vias de quem não participa deles. Como acontecer, como aparecer no meio de tantos bits e bytes em velocidade da luz por meio de cabos óticos e micro-ondas?

Se o caminho que se apresenta é esse, então que nos apossemos de uma carona e que também possamos trilhar esse caminho. O caminho é a Mídia digital, o mundo virtual da comunicação, e a carona é a presença também nessa Mídia como produtores dessa comunicação.

É o que veremos a seguir.

LISTA DE SIGLAS E ABREVIAÇÕES

APL	Arranjo Produtivo Local
Acirb	Associação Comercial e Industrial da Rua dos Biquinis
CBMM	Companhia Brasileira de Metalurgia e Mineração
CPL	Configuração Produtiva Local
GTP-APL	Grupo de Trabalho Permanente para Arranjos Produtivos Locais
Geor	Gestão Estratégica Orientada para Resultados
IAB	Interactive Advertising Bureau
IDH	Índice de Desenvolvimento Humano
MEC	Ministério da Educação e Cultura
PIB	Produto Interno Bruto
PUC-Rio	Pontifícia Universidade Católica do Rio de Janeiro
P&D&I	Pesquisa, Desenvolvimento e Inovação
Redesist	Rede de Pesquisa em Sistemas e Inovativos Locais
RJFW	Rio de Janeiro Fashion Week
Saara	Sociedade dos Amigos e Adjacências da Rua da Alfândega
Sebrae	Serviço Brasileiro de Apoio à Micro, Pequena e Média Empresa
Sigeor	Sistema de Informação da Gestão Estratégica Orientada para Resultados
SPFW	São Paulo Fashion Week
SPIL	Sistema Inovativo e Produtivo Local
TI	Tecnologia da Informação

TIC	Tecnologia de Informação e Comunicação
USP	Universidade de São Paulo
Vale	Companhia Vale do Rio Doce

SUMÁRIO

PARTE 1
NO MUNDO GLOBALIZADO DO SÉCULO 21 15

PARTE 2
A MÍDIA 21
Conceito 21
Convergência de Mídia 31

PARTE 3
OS ARRANJOS PRODUTIVOS LOCAIS (APL) 35
Conceito 35
Outras abordagens 42

PARTE 4
MÍDIA E COMUNICAÇÃO NO APL 45

PARTE 5
O ESTUDO DE CAMPO 55
Metodologia 55
Perfil Socioeconômico: Polo de Moda Praia de Cabo Frio 56
A formação econômica da baixada litorânea fluminense 58
Características da Configuração Produtiva Local de Confecção 61
Resultados das ações de Mídia do Polo Moda Praia 63

PARTE 6
PESQUISA RUA DOS BIQUÍNIS 73

PARTE 7
CONVERSANDO COM A ACIRB 99

CONCLUSÃO 109

REFERÊNCIAS 121

PARTE 1

NO MUNDO GLOBALIZADO DO SÉCULO 21

Em 1970, foi lançado o livro *O Choque do Futuro* (*Future Shock* no original em inglês), de um doutor em Letras, Leis e Ciências pela Universidade de Nova Iorque (NYU) chamado Alvin Toffler, em parceria com sua esposa Heidi. O título apontava para um futuro massivo onde os padrões de consumo, o estilo de vida, nossos objetos de desejo e até mesmo os nossos padrões de relacionamento iriam se alterar significativamente. Ainda não estava muito claro, porém, qual seria o vetor impulsionador dessas mudanças, perante um mundo já estruturado em um sistema global de produção-consumo bem definidos.

Esse novo olhar de futuro teve prosseguimento com um novo livro chamado *A Terceira Onda*, dez anos depois, em que esse vetor é identificado no bojo da tecnologia computacional, então em franca expansão, que ficou conhecida como a Tecnologia da Informação, depois incluindo a Comunicação, a TIC.

Essas novas tecnologias, então, mudam radicalmente a vida cotidiana, fazendo com que as pessoas tenham que se adaptar com uma velocidade maior a uma nova realidade bem diversa do trabalho massificado existente. O grande responsável, o computador, ao invadir as casas e o ambiente de trabalho de forma individualizada, permitiu exercer as atividades pessoais e profissionais de forma autônoma de dentro de sua própria casa e até mesmo em trânsito ou onde estiver.

No livro *Powershift – As mudanças do poder*, de 1990, Toffler retorna ao tema e analisa as consequências sociais da passagem para uma sociedade da informação. Previu, por exemplo, os riscos da difusão de propostas, aliciamentos e ações de grupos radicais por meio de uma mídia subversiva e de como os novos aparelhos tecnológicos de processamento à distância de imagem e som — *smartphones* e novas tecnologias de satélite — estavam criando um sistema global que desafiava a censura e minava a autoridade tradicional centralizada. Classifica, aí, o momento atual como a era da informação sob o uso soberano da tecnologia.

Uma sociedade é feita de relações entre pessoas, e algumas se afiguram mais importantes que outras. Por exemplo, a de aplicação de justiça, o fornecimento de mantimentos, a vizinhança, a família, o trabalho, entre outras. Algumas delas se apresentam como fundamentais, pois participam das ações relacionadas à sobrevivência do ser humano.

Uma organização social precisa produzir para suprir suas necessidades, adquirir os produtos que não produzam suficientemente e vender os produtos que lhes excedam. Para isso, deve desenvolver os mecanismos de produção com as tecnologias adequadas à aceitação dos demais meios. Internamente, também, há necessidade de adequação tecnológica para a aceitação e a capacidade de aquisição do produto. Esse tipo de relações são as que possibilitam que uma sociedade sobreviva economicamente, pois geram bens e riquezas para garantir sua manutenção e prosperidade. Elas são indispensáveis e estão sempre presentes: são as relações de produção. Mas existem outras que, apesar de não serem de produção, também são preponderantes.

Poucas pessoas trabalham ou produzem naquilo que é seu. A maioria trabalha para aqueles que detêm os meios de produção ou para a própria sociedade como um todo, por intermédio do Estado. Os meios de produção estão ligados à terra, à indústria ou a serviços como informação, saúde, educação etc. Essa primeira relação de produção, em que alguns são donos, é caracterizada como de dominação. Essa é uma das relações básicas de uma sociedade e sobre ela se estabelece uma de outro tipo, que costuma se chamar de exploração (Guareschi; Biz, 2005). Se a única forma de produzir riqueza é por meio do trabalho e num sistema capitalista o objetivo é o lucro, então há uma necessidade sempre presente de uma maior exploração do trabalho, o que gera tensão e conflito.

Sobre as relações que compõem a infraestrutura de uma sociedade, se estabelecem as superestruturas que visam disciplinar as tensões, resolver os conflitos e garantir a continuidade das relações de produção, vitais para o desenvolvimento social. São instituições nascidas das leis, acordos, mitos e decisões que tentam resolver as situações de conflito (Guareschi; Biz, 2005). Algumas dessas instituições são órgãos repressivos que usam da coerção e da força para atingir esse objetivo. Já outras usam de processos ideológicos como a persuasão para atingir o mesmo objetivo.

A Comunicação Social é um desses processos ideológicos que dispõem de meios próprios, e que está aparelhada para, de forma independente, realizar ação institucional de convencimento mediante a formação de opinião por justificação ou por reprodução, e de legitimação de ações e linhas de produtos como necessários ao bom funcionamento da sociedade. Ela é um aparelho ideológico porque expressa e transmite um eixo de valores e visões de mundo, de princípios e de ideias. Mas não apenas ela: a família, a religião, a educação, a assistência social também são aparelhos ideológicos, por exemplo.

O uso da informação sempre foi elemento importante em todos os processos relacionais em uma sociedade. Sejam processos produtivos, educacionais, políticos ou mantenedores da ordem, a informação, seu controle e difusão vêm sendo cada vez mais necessários para que se atinjam os objetivos em qualquer dessas áreas. Quando se fala de sistemas econômicos e de fórmulas e métodos de desenvolvimento, não se pode deixar de colocar a geração e controle da informação como ponto chave para o sucesso.

Principalmente a partir da virada do século 21, novos saberes e competências e seus instrumentos tecnológicos estão sendo mais largamente utilizados como formas de inovar e organizar o processo produtivo, e essas novas formas requerem uma maior intensidade no uso de informação e conhecimento (Lastres; Albagli, 1999).

Ora, numa organização social, a informação flui através de canais, ou mídias, que fazem parte de um aparelho ideológico importante para ela: a Comunicação Social.

A partir da resultante da união da Tecnologia da Informação com a Comunicação, a TIC abriu um local de acesso que permite a expansão do Marketing exponenciando sua ação, até então segmentado por fatores demográficos, por exemplo, para atingir nichos de segmentos e, finalmente, individualizando as possibilidades de acesso ao consumidor e novas ferramentas de Marketing foram criadas, como o *Costumer Relationship Management* (CRM) e o chamado *Big Data*, que invadem nosso dia a dia e nossas ações costumeiras, atingindo o indivíduo de forma contundente por meio dessa monitoração do comportamento das pessoas.

Os meios de comunicação e a Mídia, então, expandem sua importância além dos espaços do entretenimento e da publicidade e se transformam em parceiros permanentes das pessoas, abrindo um canal onipresente que hoje denominamos de Mídias Sociais.

A Mídia interfere e é o porta-voz da economia, da educação, do serviço público e social, da religião e da própria política. Quem for o detentor da informação e, dentro dela, da mídia, detém o direcionamento do próprio desenvolvimento. A Mídia modifica ou modela os relacionamentos sociais, como aprendem, como se vestem, como compram, como se relacionam com médicos, com o poder constituído, como votam, como fazem sexo... Enfim, influencia a própria realidade social, como nos enfatizam Guareschi e Biz no livro *Mídia, Educação e Cidadania*, de 2005.

Voltando nossa atenção para ver as necessárias transformações no ambiente de produção baseadas nesse novo e atual contexto, verificamos que as teorias e posturas sobre o tema desenvolvimento necessitam de uma atualização com o objetivo de maximizar o efeito dessa possibilidade. Verificamos, no âmbito da microeconomia, por constatação de evidências empíricas, o quanto a nascente, a base da atuação produtiva precisava se adaptar a esse referido novo contexto tecnológico e midiático.

O estudo teve como propósito verificar o quadro da relação de produção de um Arranjo Produtivo Local com seu respectivo mercado, de modo a identificar reais e potenciais fatores que funcionem ou possam funcionar como impeditivos ou incentivadores de acesso ao seu mercado consumidor e à potencialização desse acesso.

Algumas questões se impõem para conseguirmos ver melhor o quadro dessa relação: como os atores de um APL desenvolvem suas diferentes mídias? Como ocorre a difusão da informação e o seu controle, considerando esse como fator estratégico para a participação dos membros do APL nos mercados? Como são gerados os conteúdos comunicacionais para que os atores expressem a realidade do Arranjo, atraiam novos parceiros para o processo de desenvolvimento e gerenciem o controle da mídia, de forma a otimizá-lo, com economia e eficácia, e qual o alcance das informações?

PARTE 2

A MÍDIA

Conceito

O que é e o que pode ser entendido por mídia?

A palavra mídia vem do latim *media,* com o significado de metade, ou também, meio. Deu origem a várias palavras em nossa língua, como mediar, intermediação, média e meio. Em todos os casos ela conota uma intromissão relativa à intercessão entre coisas, ou entre partes de alguma coisa. Ou seja, é criar uma ponte, um elo para possibilitar e/ou facilitar o contato entre coisas.

Em Comunicação existe a emissão, a recepção e o meio utilizado para a transmissão da mensagem de um para outro. Esse meio é um portador, um condutor, um veículo. Logo, meio e veículo acabaram assumindo uma significação semelhante. O termo mídia vem de um anglicismo de pronúncia da palavra na língua inglesa, adotado por nós, e que passou a ser referência a respeito dessa função de veículo da mensagem a ser comunicada.

Mídia ou veículo, portanto, são a mesma coisa, e todos os meios utilizados pela Comunicação Social são comumente conhecidos por esses termos, compreendendo aí jornais, revistas, canais de televisão, rádios, impressos comerciais de todo o tipo, e todas as formas de comunicação de serviços, produtos e notícias, incluindo as digitais.

A Mídia interfere e é a porta-voz da economia, da educação, do serviço público e social, da religião e da própria política. Quem for o detentor da informação e, dentro dela, da mídia, detém o direcionamento do próprio desenvolvimento. A Mídia, enfim, influencia a própria realidade social (Guareschi; Biz, 2005).

Definir e discutir o que é realidade deve ser uma das maiores polêmicas da história. Mas é inegável que a realidade também tem como componente a maneira, o modo como as pessoas se organizam em um determinado espaço (território) e em um determinado tempo (história). No fundo, ela é aquilo que acreditamos ser, como demonstra Pirandello na obra *Assim é se lhe Parece*. Em outras palavras, são nossas crenças.

Realidade, para as organizações sociais, é aquilo que é aceito como tal e tem valor, legitima os esforços do trabalho, e dá respostas e densidade às vidas de cada componente dessa sociedade.

> Quando se fala em participação é fundamental distinguir claramente ao menos três níveis de participação: no planejamento, na execução e nos resultados. [...] os trabalhadores e o povo em geral são convidados a participar apenas na execução [...] (Guareschi; Biz, 2005).

Ora, se a realidade depende da maneira como as pessoas se organizam, então as maneiras como elas trocam informações, desejos e necessidades, constroem essa mesma realidade. A Comunicação, então, por meio da Mídia, realiza um papel preponderante na construção da realidade. Algo passa a existir, ou deixa de existir, se é comunicado. Pode-se verificar esse paralelo na Teoria Geral do Estado, cujo Princípio da Publicidade determina o que é real: lei que não é publicada não existe.

Em outras palavras, como a Comunicação é midiatizada nas sociedades modernas, o que existe passa por ela. Como afirma Guareschi (2005): "A mídia tem, na contemporaneidade, o poder de instituir o que é, ou não, real, existente". Assim, se não se tem notícias sobre determinada coisa, a primeira impressão é que ela não mais existe, como greves, subornos, corrupção, guerras, tragédias, construções, eventos etc.

Isso seria apenas uma característica construtiva das sociedades modernas, não fosse o fato que, além de determinar a existência, a Mídia também a valoriza. A veracidade e a credibilidade emprestadas à Mídia fazem com que aquilo que seja veiculado seja bom, a menos que se diga em contrário... pela própria Mídia. O que está na Mídia passa a ser não apenas o que existe, mas o que é bom e verdadeiro. A Mídia passa a ser espelho e participante da formação da própria sociedade. Espelho por reproduzir crenças e valores, filtrados e a serviço dos grupos que a controlam; participante por ser onipresente na vida pessoal e social das pessoas.

> Em jornalismo, 90% do que se divulga só serve para conversa durante o jantar, não modifica a vida das pessoas em nada. A vida é modificada por uns tantos atos do governo [...] Mas o 'interesse do público' também é fundamental para que as pessoas tenham o que conversar. (Jornal Nacional, 2004, p. 288)

A Comunicação Social orienta e gera os mecanismos dinamizantes vinculados à geração e difusão de conteúdos que reflitam as aspirações e o cotidiano das comunidades locais e de seus esforços produtivos, evidenciando a participação dos atores locais.

A exclusão econômica e a exclusão da comunicação andam permanentemente lado a lado. O desenvolvimento da Tecnologia de Informação e Comunicação (TIC) possibilitou a democratização dos meios de produção de comunicação. Porém, a atual organização social e econômica mundial se concentra nas mãos de grandes empresas e grupos empresariais e se baseia em uma dependência elevada da Mídia para a sustentação de seus processos mercadológicos.

A Mídia, hoje, influencia e é influenciada, formando, alterando e reformando o cotidiano das pessoas. A comercialização de produtos, a transmissão de um evento, a informação, tudo gira e necessariamente passa por um canal de mídia antes de chegar às pessoas.

> Novas maneiras de pensar e de conviver estão sendo elaboradas no mundo das telecomunicações e da informática. As relações entre os homens, o trabalho, a própria inteligência depende, na verdade, da metamorfose incessante de dispositivos informacionais de todos os tipos. (Lèvy, 1993)

Com forte poder de simbologia e usando da construção e transmissão de significados e significantes, mediante o uso das técnicas da comunicação social, a Mídia influencia a sociedade a discutir, esquecer ou aceitar qualquer assunto. **Transformar a mídia em uma ferramenta para o desenvolvimento é tirar o receptor da posição passiva de receptáculo de conteúdos e transformá-lo em agente comunicador.**

Um caminho possível é educar o receptor da intencionalidade da Mídia, suas técnicas e estratégias. Ou seja, transformar o receptor em emissor para produzir sua própria mídia, descobrir novos caminhos para ela e cuidar para que ela atinja os objetivos de suporte das ações comunitárias, sejam sociais ou mercadológicas. Segundo Guareschi (2005, p. 33): "Não se trata só de saber o que se passa, ou seja, a informação, mas de pensar, refletir, entender, assim como analisar aquilo que lhe é repassado".

O direito à Comunicação — o de comunicar e ser comunicado — deveria ser encarado como um direito básico do ser humano. De fato, a humanidade começa a evoluir quando consegue entender o outro e se fazer entender por ele. A transmissão do conhecimento garante a perpetuação dele. O PhD israelense em História Yuval Harari, em seu livro *Sapiens*, aponta a Revolução Cognitiva, que foi o surgimento de novas formas de comunicação há aproximadamente 30 mil anos que permitiu à nossa espécie qualificar fatos e coisas atribuindo associações emocionais e as transmitindo aos seus iguais, criando a ficção, fator fundamental para o salto evolutivo que nos diferenciou de outras espécies que até hoje vivem apenas do presente imediato ditado por suas necessidades fisiológicas.

Esse poder, comparável à descoberta do fogo e à invenção da roda pela importância que teve para o desenvolvimento humano, permitiu a multiplicação de transmissão de ideias, conhecimentos, o relato de ações, a divisão de tarefas, as associações, o entretenimento, enfim a fundação do compartilhamento social e o desenvolvimento da produção para o sustento dos membros da comunidade.

Essa importância foi ainda mais bem compreendida quando, após os acontecimentos marcantes da história que nos guiaram à época atual, o advento da tecnologia pôs à disposição do homem o poder de amplificação da mensagem, notadamente após a Segunda Guerra Mundial. Imediatamente, grandes oligopólios se formaram na esteira das possibilidades formada pelo novo fenômeno. No Brasil, por exemplo, 87,7% da população veem televisão diariamente e 87,4% ouvem rádio.

> É por isso que não há mais sentido em sustentar que a essência da técnica é ontológica (Heidegger), que a essência do capitalismo é religiosa (Max Weber) ou que a metafísica depende da economia em última instância (marxismo vulgar). Nem a sociedade, nem a economia, nem a filosofia, nem a religião, nem a língua, nem mesmo a ciência ou a técnica são forças reais, elas são, repetimos, dimensões de análise, quer dizer, abstrações. Nenhuma dessas macro entidades ideais podem determinar o quer que seja porque *são desprovidas de qualquer meio de ação* (grifo do autor). Os agentes efetivos são indivíduos situados no tempo e no espaço. (Levi, 2004, p. 13)

O primeiro estudo teórico a respeito da importância do direito à comunicação foi realizado na chamada Escola de Frankfurt. Dois expoentes dessa escola, Horkheimer e Adorno, criaram, em 1947, a expressão *indústria cultural*, referindo-se ao processo de industrialização da cultura que, suportada pela Mídia, é pasteurizada e transformada em mercadoria. Ao investir contra esse *establishment*, declaram os meios de comunicação de massa como ferramenta de domínio e alienação. A Mídia é um reflexo do processo hegemônico, segundo eles.

Na década de 60 do século 20, na Inglaterra, surge o que ficou conhecido como "estudos culturais". Esse grupo viu o receptor não como um ser passivo, mas como alguém capaz de transformar a informação e de produzir novos resultados. Como nos aponta Barbero (2003), a Mídia não determina a forma que o receptor irá interpretar a realidade. Ele, o indivíduo, filtra a mensagem midiática dentro de um contexto que envolve sua cultura e suas experiências de vida. Para esse grupo, a Mídia não é apenas instância dominadora, mas também informa, atende a uma demanda social, reflete e evidencia valores culturais, podendo manipular e resistir ao *status quo*.

A Propaganda, a Publicidade e, mais recentemente, o Marketing ampliaram a eficiência da colocação de produtos mediante o uso da Mídia, gerando e dinamizando mercados, e é, hoje, uma das bases em que se sustenta o atual sistema comercial no mundo. Assim, grandes corporações se firmaram na potencialização que esse conhecimento técnico-filosófico proporcionou. Ninguém prescinde, hoje, da Mídia na comercialização de produtos e sua presença é obrigatória em todo plano de negócios que incorpore um bom planejamento de marketing.

Quando, porém, observamos a maneira como são estruturados os Arranjos Produtivos Locais (APL), verificamos uma preocupação com as técnicas de produção, com o fornecimento de insumos, com a estrutura física do local produtivo, com a tecnologia utilizada, gerando controles administrativos para essas áreas, mas, apesar de demonstrar preocupação, há muito pouco planejamento e ação coordenada do uso da Midia para divulgação e comercialização da produção dos arranjos, bem como para atração de partes interessadas naquele determinado processo.

As ações humanas são determinadas pela motivação, pelos interesses e valores que se empresta à ação. Ao fornecer o "bem de juízo" sobre as coisas, a Mídia determina o que é importante e digno de respeito. Influenciando os valores da sociedade, influencia as ações de seus participantes. Isso há muito foi entendido pelos políticos. É notável e digno de estudos a influência que a transmissão do debate via televisão, entre os então candidatos, John F. Kennedy e Richard Nixon, teve no resultado das eleições norte-americanas, em 1960. As pesquisas eleitorais mostram com clareza que quem está na Mídia tem chances de se eleger e quem não está só se elege por medidas impostas contra a organização social. É de se ressaltar a quantidade de medidas tomadas pelo judiciário para disciplinar o afã da propaganda política nas ruas das cidades.

Mas um terceiro ingrediente vem tornar a Mídia ainda mais determinante: é ela quem coloca a agenda de discussão de uma sociedade. Ou seja, ao expor o tema, o assunto, o fato, e a valorizá-los, como discutiremos adiante, a Mídia cria o debate, a decisão, em suma, a informação. Não apenas pelos assuntos pautados, mas principalmente pelos **não-pautados**. "Uma população inteira fica impossibilitada de saber e conhecer que tal problema ou assunto existe na sociedade" (Revista Debates, 2007, p. 10). Não é à toa que a imprensa é considerada o "quarto poder".

Questões relevantes e importantes a respeito do controle da Mídia se levantam constantemente nas sociedades. Mas todas as tentativas de controle esbarram na atitude da Mídia de colocar a questão (pautar) como atitude antidemocrática e de tentativa de controle governamental. O que poucos sabem é que os meios de comunicação eletrônicos, por exemplo, são concessões públicas temporárias, e, enquanto pública, a favor da demanda social e não do interesse dos grupos que detêm essas concessões. O que ninguém sabe é o prazo de validade dessas concessões. São *ad eternum*, vitalícias, ou até algum outro grupo de Mídia investir contra?

Finalmente, como resultado de toda essa influência na vida coletiva, ela constrói a própria subjetividade das pessoas. A discussão passa por se estabelecer como componente fundamental na formação dos valores e capacidades de um ser humano a sua bagagem cultural, sua memória, suas práticas, suas interações. O ser humano moderno é resultado indubitável de sua história (tempo), vivida no planeta (espaço). Quando o público transforma a Mídia como um componente fundamental de suas vidas, um personagem a viver dentro de suas casas, um parceiro a caminhar junto, diariamente, o tempo todo; ao se guiar pelas suas propostas, ao se eleger o tempo individual pelo tempo dela, transformando a própria maneira de pensar as coisas, a vida, o mundo, em função daquilo que ela determina a pensar.

A primeira providência que qualquer governo totalitário tem é o de controlar a Comunicação. Depois do controle militar, o controle da Comunicação é o que fará o controle da população. O ministério mais importante de Hitler, depois do político e do militar, foi o da propaganda. Mas o exemplo do controle da Mídia por governos totalitários nos alerta justamente para a possibilidade da existência desse controle. Assim como o controle econômico, o controle da comunicação sempre está presente, realizado pelos atores do processo de construção das Mídia. Porém, o mais preocupante é a maneira como foi estruturada a utilização da Mídia no Brasil: formatada pela visão do modelo ditatorial e usufruída, nos mesmos moldes, pelo poder econômico privado.

O aporte tecnológico que moldou a Mídia brasileira atual, efetuado pelos governos ditatoriais, com torres de transmissão por micro-ondas, satélites e redes de retransmissão, criando o impulso do desenvolvimento das telecomunicações, visou realizar o que foi descrito acima como as quatro características fundamentais da Mídia. Por meio desse controle, entregue a grupos privados sem o menor controle da sociedade, se possibilitou a formação das redes de comunicação e a difusão do "milagre econômico".

Por exemplo, propiciou o impacto no Produto Interno Bruto (PIB) (Tabela 1) e o consumo de bens produzidos pelo parque industrial brasileiro, mas não ajudou a população, que não usufruiu desse crescimento por não ter sido acompanhado por uma distribuição de renda. O que se viu foi uma explosão inflacionária.

Tabela 1 – Variação do Produto Interno Bruto brasileiro de 1964 a 1981

ANO	VALOR (R$ milhões)	VARIAÇÃO (%)
1964	21.664	
1965	22.765	2,4
1966	28.540	6,7
1967	31.262	4,2
1968	34135	9,8
1969	37.392	9,5
1970	42.576	20,2
1971	49.162	11,3
1972	58.752	11,9

ANO	VALOR (R$ milhões)	VARIAÇÃO (%)
1973	84.086	14,0
1974	110.391	8,2
1975	129.891	5,2
1976	153.959	10,3
1977	177.247	4,9
1978	201.204	5,0
1979	223.477	6,8
1980	237.772	9,2
1981	258.553	4,3

Fonte: Série Histórica do PIB – IBGE

Nem o esporte, seguindo o critério *"panem et circenses"* romano, escapou do uso da Mídia como exploração ideológica pelo governo brasileiro da época. A transmissão dos jogos da Copa do Mundo de Futebol de 1970, no México, não apenas caracterizado como uma transmissão de um fato internacional, constituiu-se como "o primeiro resultado de um esforço deliberado do governo de implantar no país uma moderna infraestrutura de telecomunicações, indispensáveis ao seu projeto de *integração nacional*" (Lima; Ramos, 1984). Assim como a abertura da transamazônica, a construção de uma rede de comunicação nacional se mostrou uma via importante de tráfego ideológico, como estradas que são. A diferença é que a transamazônica não conseguiu atingir o seu objetivo.

> [referindo-se a Walter Benjamin] Ao nos apropriarmos de experiências passadas para a orientação no futuro, o autêntico presente se preserva como local de prosseguimento da tradição e da inovação, visto que uma não é possível sem a outra, e ambas se amalgamam na objetividade de um contexto histórico-receptivo. [...] uma modernização social autossuficiente [...] opera apenas com as leis funcionais da economia e do Estado, da técnica e da ciência, as quais se fundem em um sistema pretensamente imune a influências (Habermas, 2002, p. 21).

Dessa forma vemos como a mídia está presente na formação da sociedade moderna e como ela pode influenciar toda uma sociedade. Basta dizer que, no Brasil, por exemplo, 87,7% da população veem televisão diariamente e 87,4% ouvem rádio. Outra característica bastante determinante é que todo o aparato tecnológico custeado pelo governo às expensas do dinheiro público foi e está entregue aos interesses de grupos privados oligopolistas, que influi na formação da opinião comum da população e no tipo de consumo de bens físicos e culturais, por meio da publicidade.

> E, insensivelmente, a televisão que se pretende um instrumento de registro torna-se um instrumento de criação da realidade. Caminha-se cada vez mais rumo a universos em que o mundo social é descrito/prescrito pela televisão. A televisão se torna o árbitro do acesso à existência social e política (Bordieu, 1997, p. 29).

A Constituição Brasileira de 1988, no capítulo V, Artigo 220, determina que "a manifestação do pensamento, a criação, a expressão e a informação, sob qualquer forma, processo ou veículo, não sofrerão qualquer restrição, **observado o disposto nesta constituição** (grifo nosso)". Mais adiante, no parágrafo 5º desse artigo, está disposto que: "Os meios de Comunicação Social não podem, direta ou indiretamente, ser objeto de monopólio ou oligopólio".

Numa constatação imediata vemos que a organização da Comunicação Social no Brasil está em desacordo com a própria Constituição brasileira. Ela é concentrada na mão de poucos. Dizemos na mão porque é posse e não propriedade, visto que é concessão pública.

Existem vários tipos de concentração na estrutura das redes de comunicação no Brasil. Poucos grupos controlam as televisões aberta e paga. Os mesmos proprietários controlam as duas modalidades de comunicação, num modelo de concentração horizontal. Vários canais repassam suas programações e comercializam suas produções com outras emissoras, representando uma concentração vertical. Além disso, os grupos dominam vários meios de comunicação (várias mídias) como televisão aberta, editoras, jornais, rádios, televisão a cabo e via satélite, telefonia e provedor de Internet, ao mesmo tempo. As mídias locais também reproduzem o conteúdo dos grandes grupos, atuando como repetidores da ideologia comunicacional dominante.

O mais preocupante com relação a essa concentração reside na audiência e no domínio do mercado (Guareschi; Bizz, 2005). A maior rede, a Globo, detém 54% da audiência brasileira, contra 23% do SBT, 8% da Record, 4% da Bandeirantes, 2% da Rede TV! e apenas 9% de outras emissoras. Para termos ideia desse poder, 78% dos lares brasileiros possuem geladeira, mas 87% possuem televisão (Epcom, 2000). Afinal, ela é mais importante!

Sem se mencionar, também, outros tipos de concentração por outros tipos de grupos de interesse, como os religiosos, que detêm 14% de um total de 332 emissoras. A partir do cerco regional, também se estabelece um tipo de coronelismo eletrônico, segundo Guareschi e Biz (2005), em que apenas uma voz, a dominante, e uma visão, a dos interesses privados, são midiatizados e postos como realidade para as populações.

Considerando essa importância da Mídia na sociedade, coadjuvando na formação e estruturação dos mercados por meio da formação da opinião e do pensamento que os direciona, outro fator se apresenta com grande poder de influência nesse processo.

Convergência de Mídia

Podem as empresas de serviços de telecomunicação (concessionárias) e as empresas de tecnologia de informática transmitirem ou produzirem diretamente conteúdo específico de Comunicação Social? (Araújo, 2005).

Essa questão está na pauta atual da visão e do tratamento, ou seja, da maneira que a Mídia deve ser vista e utilizada a partir de agora. Em 12 de setembro de 2005 o presidente de uma das empresas de telefonia móvel operando no Brasil, Sr. Mário César Pereira de Araújo, a formulou em pleno Congresso Nacional, pondo na mesa uma situação que já está configurada e que já cobra suas posturas e suas decisões políticas para nossa sociedade. Na ocasião, este demonstrou o que entendia por convergência de mídia (Araújo, 2005):

- mesmo conteúdo por vários meios de distribuição (mídias) ou dispositivos (aparelhos eletrônicos informatizados);
- melhores serviços;
- novos serviços.

Tirante a propaganda implícita em relação aos serviços, temos como definição de convergência de mídia o "mesmo conteúdo por várias mídias ou dispositivos".

Uma nova linguagem está se formando no bojo da já chamada revolução da informação provocada pelo avanço da tecnologia de informação que, aliada aos respectivos conteúdos, é baseada na estruturação de vias de transmissão de dados com altíssima rapidez e eficiência. São verdadeiras autoestradas eletrônicas.

Esse modo de transmissão deveu-se à união entre o conceito de tratamento e armazenagem de dados informatizados, o digital, com a evolução de materiais e do conceito de transmissão da informação via campo ondulatório. Novos materiais, como a fibra ótica e o aumento da potência de utilização das micro-ondas, abriram um horizonte de possibilidades tão ou mais importante que o horizonte aberto pela revolução industrial. Um novo mundo se forma e começa a ser utilizado: o *ciberespaço*.

Tudo o que conhecemos como mídia portadora de nossos conteúdos de comunicação pode ser transformado em um único código muitíssimo mais simples e de fácil manuseio: o bite. Textos, imagens, som, tudo pode ser convertido e reconvertido no bite, que nada mais é que a representação de um código binário que exprime apenas dois estágios: está ou não está, é ou não é, sim ou não. A codificação programada de um conjunto dessas representações é que vai determinar o conteúdo. Transmitir tudo o que conhecemos por meio de uma mídia portadora de nossos conteúdos de comunicação pode ser transformado em um único código muitíssimo mais simples é o que reduz o uso dos materiais disponíveis e torna superlativa a sua utilização em quantidades jamais pensadas.

O chamado *ciberespaço* não tem dimensões finitamente delimitadas. Por enquanto, o que o limita é a capacidade física de armazenagem e de transmissão de dados. Mas a possibilidade da conjunção das várias estruturas particulares através do mundo no compartilhamento dessa armazenagem e dessa transmissão, num processo que se chamou de Internet, dá uma dimensão de aplicações infinitas dentro do *ciberespaço*.

A partir dessa nova realidade, todos os instrumentos de comunicação e, até mesmo, de usos pessoais e domésticos, tornam-se possíveis de se converterem em um mesmo aparelho ou modo de operação. Um telefone torna-se computador. Uma geladeira torna-se processadora e transmissora de informações, ligada a esse mesmo telefone-computador. Uma única mídia desponta da união das mídias tradicionais, convergindo a televisão, o rádio, o jornal, a revista, o telefone, o computador, a agenda, o livro, capaz de abrigar a necessidade incessante do giga fluxo de informações de forma acelerada que a realidade que está sendo construída para esse novo mundo exige para o controle do cotidiano de cada indivíduo. Para responder a essa necessidade, é preciso pensar no problema.

Mas o grande impacto está na inexistência de mediação da informação por um órgão controlador, e esse papel é relegado para o consumidor final, ou seja, o indivíduo que utiliza o seu computador pessoal. Logo, é preciso que esse utilizador obtenha um método para que ele mesmo possa controlar o fluxo de informação que lhe interessa. A interatividade se apresenta como o método ideal para esse controle. O utilizador, ao contrário da mídia de massa tradicional, vê-se como elemento ativo de uma relação interpessoal biunívoca, em que é convidado a fazer uma triagem da informação que deseja, quando quiser e da maneira que preferir.

Já em 2002, Thais Waisman, da USP, afirmava que:

Temos que começar a pensar no grande desafio que é a convergência inteligente das mídias atualmente disponíveis e de que forma podemos tirar benefícios sociais, econômicos e culturais para o nosso país, tão carente de soluções de grande capilaridade (Waisman, 2002).

Lidar com esse fluxo e saber interpretá-los, dando significado e transformando-os em conteúdo, é o principal desafio da educação moderna. A Internet disponibiliza, hoje, informação sobre quase tudo e de forma imediata, mas é incapaz de discernir o que é mais importante daquilo que não tem significado algum. Ela consegue ter respostas, mas não tem a pergunta, o problema que motiva e orienta uma pesquisa.

Para que se possa ir mais além na compreensão da atuação da Mídia nos processos produtivos, precisamos conhecer o modo como as comunidades têm se organizado a fim de proporcionar desenvolvimento à sua localidade, como veremos a seguir.

PARTE 3

OS ARRANJOS PRODUTIVOS LOCAIS (APL)

Conceito

Qualquer metodologia de desenvolvimento tem, necessariamente, de levar em consideração e incluir o uso intenso dos fluxos comunicacionais a partir da geração de conteúdos informacionais e do uso da mídia como chave para o sucesso das metas de geração de trabalho e renda. O fator renda está, nos mercados globalizados de hoje, intimamente relacionado à capacidade de mobilização do público consumidor em favor de determinada produção, ou proposta social que envolva uma produção. "O desenvolvimento, a difusão e a convergência das tecnologias da informação e comunicação são vistos como centrais na conformação dessa nova dinâmica técnico-econômica (Lastres; Albagli, 1999, p. 8)".

Em 2005 e 2006, o Instituto Cidadania, com apoio financeiro da Companhia Brasileira de Metalurgia e Mineração (CBMM), da Companhia Vale do Rio Doce (Vale) e da Fundação Bünge, realizou um amplo debate em torno do tema Desenvolvimento Local, com seminários, discussões, entrevistas, pesquisas e produção de textos. Participaram desse debate também o Sebrae e a Fundação Banco do Brasil. Essa última realizou uma pesquisa com 5.637 pessoas nas 27 unidades da federação, com metodologia qualiqualitativa (que estuda fenômenos sociais e do comportamento humano que ocorram em determinado tempo, local e cultura), a respeito do tema. O Instituto Pólis, por sua vez, também realizou uma pesquisa com 25 especialistas brasileiros e mais 34 de países sul-americanos.

A partir de uma visão geral sobre desenvolvimento econômico inclusivo, participativo e democrático, o debate concluiu que os entraves ao desenvolvimento local podem ser agrupados em oito eixos, que se apresentam de forma paralela, concomitante e/ou superpostos (Projeto Política Nacional de Apoio ao Desenvolvimento Local, Instituto Cidadania, 2006).

São eles: Financiamento e Comercialização; Tecnologia; Desenvolvimento Institucional; **Informação**; **Comunicação** (grifos nossos); Educação e Capacitação; Trabalho, Emprego e Renda; e Sustentabilidade Ambiental.

Historicamente o desenvolvimento sempre foi visto como um processo dependente de investimentos públicos ou de instalação de empresas. Porém, iniciativas vindas de outras regiões do mundo, notadamente a partir da experiência do tipo distritos industriais italianos, demonstraram a necessidade de uma organização local e de uma participação do cidadão no processo. O desenvolvimento passa a ser visto como uma dinâmica cultural e política capaz de transformar a vida social (Borin, 2002).

Culturalmente, as pessoas na base da sociedade brasileira são vistas como um ônus, derivado de sua incapacidade de geração de renda e riqueza. Do ponto de vista das comunidades locais, excluídas dos programas de apoio e fomento destinados às grandes empresas e grandes produtores rurais, trata-se de mudar o enfoque sobre desenvolvimento e de que se reconheça que a insuficiência e a pouca articulação dos sistemas de apoio são os maiores entraves ao seu desenvolvimento.

Os eixos apontados pelo programa de estudos do Instituto Cidadania são os focos, os pontos onde devem ser criadas as articulações e onde a dinamização da ação dessas áreas deve ser priorizada. Todos são importantes, mas, neste nosso estudo, o objetivo é destacar a ação do eixo Comunicação como um eixo que perpassa os demais e que vai garantir a objetividade de todo o trabalho desenvolvido para a consecução da meta de melhoria de condições de vida para a comunidade local.

No âmbito das discussões e debates sobre modelos contemporâneos de desenvolvimento capazes de responder ao desafio de elevar um padrão de renda de maneira desconcentrada e distribuída para as populações dos países ou regiões, surgem os **Arranjos Produtivos Locais**.

[...] temos de promover todo o conceito de que força de trabalho é contingente [...] 'Emprego' está sendo substituído por 'Projeto' e 'Campos de Trabalho'. (Sennett, 2005, p. 22)).

Segundo Britto (2000), há evidências que recentes transformações da economia brasileira aumentaram o interesse na consolidação de *clusters* industriais. O mesmo autor destaca a pressão por uma maior eficácia na utilização de fatores produtivos que estimulem a localização de atividades produtivas em regiões onde já existam fatores favoráveis, como mão de obra especializada e recursos naturais.

Esse direcionamento irá criar um tipo de concentração local, que vai passar por vários estágios com diferentes tipos de organizações de produção e governança. Existem as experiências ocorridas, por exemplo, na Califórnia (EUA), com o *Silicon Valley*, e na Itália, com os Distritos Industriais Italianos (a Terceira Itália) que, apesar de partir de uma aparente espontaneidade, evoluíram e fizeram surgir estruturas e mecanismos de suporte com diretrizes voltadas para a organização e melhor desempenho do aglomerado de empresas.

> Além do impacto da constituição desses arranjos sobre o desenvolvimento regional e a competitividade setorial de diversas indústrias, a constituição dos mesmos gera importantes benefícios sociais, não apenas devido ao surgimento de um conjunto de serviços e fornecedores especializados em escala local, mas também pelo fato de que boa parte desse aparato é composto de pequenas e micro empresas que encontram nichos que reforçam a sua posição competitiva e auxiliam a competitividade do conjunto do *cluster* (Britto, 2000, p. 3).

Os arranjos produtivos vêm a se constituir, então, em uma alternativa de desenvolvimento com características empreendedoras que efetivamente tem o poder de alterar as relações econômicas de uma região e se constituem em opção efetiva de geração de trabalho e renda.

Uma comunidade é formada de pessoas com seus valores, conhecimentos e habilidades e é isso que cria sua identidade e sua característica e força de produção. O fundamental é que as pessoas tenham a liberdade, por exemplo, de utilizar a informação disseminada por meios de comunicação (mídias) para transformá-las em conhecimento e ações de transformação do meio em que vivem.

Vamos lembrar, conforme já dissemos, que a Mídia é presença permanente na vida das sociedades globalizadas atuais e não apenas domina, invade, mas também informa, atende a uma demanda social, reflete e evidencia valores culturais.

Segundo Caporali (2004), os APLs necessitam de incentivo ao desenvolvimento, e de dinamização da comunidade local para a geração de trabalho e renda. Esse incentivo pode ser dado pelo controle dos processos midiáticos que orientem a informação em benefício da conquista e da permanência das empresas no mercado.

Precisamos entender como a presença da Mídia afeta o desenvolvimento dos Arranjos Produtivos Locais e verificar se os seguintes objetivos específicos são alcançados: como os atores dos APLs desenvolvem as diferentes mídias; como ocorre a difusão da informação e o seu controle, esta considerada fator estratégico para a participação das empresas dos APLs nos mercados; e como são gerados os conteúdos comunicacionais para que os atores expressem a realidade do arranjo e atraiam novos atores para o processo de desenvolvimento, exercendo o controle da mídia como forma de otimizar, com economia e eficácia, o alcance das informações.

O século 21 emerge em um mundo já estruturado dentro do que se convencionou chamar de Globalização[1]. Esta se fundamenta na:

> [...] integração mais estreita dos países e dos povos do mundo que tem sido ocasionada pela enorme redução de custos de transporte e de comunicações e da derrubada de barreiras artificiais aos fluxos

---

[1] Globalização **é o fenômeno de integração econômica, social e cultural do espaço geográfico em escala mundial.** É caracterizada pela intensificação dos fluxos de capitais, mercadorias, pessoas e informações, proporcionada pelo avanço técnico na comunicação e nos transportes (Guitarrara, [ca. 2024]).

de produtos, serviços, capital, conhecimento e, em menor escala, de pessoas através das fronteiras (Stiglitz, 2002, p. 36).

Como característica fundamental da Globalização está o fato de ela ser impulsionada por corporações internacionais que movimentam, além das fronteiras mundiais, capitais financeiros, tecnológicos, humanos e, massivamente, comunicacionais.

À primeira vista, isso poderia ser caótico e catastrófico sem um controle efetivo dos modelos transacionais que dirigem as ações efetuadas no seu bojo. Para tanto, é de necessidade latente a presença de uma Governança para fazer a Globalização funcionar da maneira esperada para o cumprimento de suas premissas de levar desenvolvimento econômico e social a todos os cantos do globo de maneira rápida e eficiente.

De maneira análoga, o processo de desenvolvimento local que leve à formação de Arranjos Produtivos Locais também necessita de uma Governança, como enfatizaremos mais adiante, que deverá tomar sob sua responsabilidade o gerenciamento da comunicação midiática, de modo a impulsionar o resultado das ações de produção e comercialização dos membros do APL.

O Serviço Brasileiro de Apoio à Micro, Pequena e Média Empresa (Sebrae) adotou a denominação Arranjo Produtivo Local, ou APL, para caracterizar o tipo de aglomeração de empresas que necessita de incentivo ao desenvolvimento e de capacidade de dinamização de uma comunidade local em termos de trabalho e renda, conforme seu Termo de Referência divulgado em julho de 2003.

> Convergindo desenvolvimento e evolução, a RedeSist desenvolveu os estudos sobre sistema produtivo e inovativo local (SPIL) como "um conjunto específico de atividades econômicas que possibilite e privilegie a análise de interações, particularmente aquelas que levam à introdução de novos produtos e processos (Lastres *et al.*, 2003, p. 27).

Na ótica desses estudos, em um sistema e/ou num APL, é dada importância, principalmente, às relações e interações entre os atores, localizados num mesmo território, voltados para o fluxo de conhecimento e os processos de aprendizagem que interfiram decisivamente no incremento da capacitação produtiva, organizacional e inovativa desses atores, com vistas à criação de uma vantagem competitiva de mercado. Segundo a RedeSist, Arranjo Produtivo Local (APL) é uma aglomeração de agentes econômicos, políticos e sociais, num dado território, "com foco específico em um conjunto de atividades econômicas — que apresentam vínculos mesmo que incipientes" (Lastres *et al.*, 2003, p. 27).

Entre os atores participantes do APL, além dos trabalhadores, estão empresas que atuam como fornecedores ou consultorias e, até mesmo, como participantes de etapas do processo produtivo. Também estão presentes diversas instituições, públicas ou privadas, voltadas para a educação e aprendizagem, pesquisa e desenvolvimento, financiamento e **promoção**.

Os autores Lastres *et al.* (2003) reconhecem que a competitividade obtida pelo arranjo produtivo não se restringe apenas à atividade produtiva, mas abrange um campo maior de atividades e capacitações que "incluem *design*, controle de qualidade e atividades relativas a *marketing* e à comercialização, além de uma série de atividades ligadas à geração, aquisição e difusão de conhecimentos" (2003, p. 37).

O conceito de APL deriva do estudo sobre a formação de aglomerados que foi definido por Porter (1999) como *clusters* e tem como ponto de partida uma definição simples de concentração setorial de empresas, em dado território, com uma visão de conexão e cooperação para maior capacitação e competição nos mercados globais. Sem dúvida, um aglomerado é formado por empresas que se inter-relacionam nos seus processos produtivos. Outra característica do aglomerado é proporcionar insumos especializados e de fácil acesso (Porter, 1999, p. 226).

Mas esses insumos, no caso de aglomerados, são entendidos apenas como aquisição e uso de equipamentos (bens de capital) com maior poder de barganha. O interesse para a mudança tecnológica é, nesse caso, limitado a uma difusão das tecnologias utilizadas nos equipamentos adquiridos. Mas, conforme afirma Cassiolato (Lastres *et al.*, 2003, p. 37), "a capacidade de gerar inovações tem sido identificada como fator chave para o sucesso de empresas e nações".

O grande problema que se apresenta é o de como transformar aglomerados em Arranjos Produtivos Locais e como a Mídia é capaz de influenciar esse processo, com um grau de alcance e complexidade que possa ser absorvido pelos atores locais e que proporcione, ao mesmo tempo, a tão desejada vantagem competitiva. O principal obstáculo, no caso de países em desenvolvimento como o Brasil, é a visão reducionista de que "a única maneira de transformar aglomerações em arranjos e sistemas locais dinâmicos é a partir de exportações e da integração em cadeias globais" (Lastres *et al.*, 2003, p. 48).

A solução para esse problema é partir para uma visão mais abrangente que inclua iniciativas na área da produção, da inter-relação entre as empresas, do trabalho qualificado, da governança local e das políticas institucionais. Na produção, com aumento de especialização e da qualidade do produto; na inter-relação, mediante a verticalização da produção e aumento da participação de instituições visando suprir a necessidade do aumento da capacitação de mão de obra e de pesquisa, desenvolvimento e inovação (P&D&I). Na governança, que deve ter a visão da necessidade de novas políticas que garantam o estabelecimento da cooperação no nível local, do enraizamento da inovação e do controle dos processos mercadológicos. Por fim, mas não menos importante, o papel da Mídia para potencializar a participação no mercado e capaz de agir como a ferramenta precisa para levar tudo esse esforço ao mercado e garantir o retorno de todo esse investimento.

Dessa maneira, um aglomerado evolui para um Arranjo Produtivo Local com melhor poder de resposta aos desafios propostos pela participação no mercado e consequente retorno de benefícios traduzidos por elevação do nível de renda de seus atores.

A seguir serão apresentadas, de forma resumida, outras abordagens que denominam aglomeração de empresas.

Outras abordagens

Desde a contribuição clássica de Alfred Marshall (Marshall, 1896 apud Lastres *et al*., 2003, p. 206) a respeito dos distritos industriais, diversas tipologias para arranjos e distritos industriais têm sido propostas.

Segundo Borin (2006), percebe-se que, atualmente, os sistemas produtivos locais identificados por pesquisadores, com destaque para os economistas, geógrafos e sociólogos, são objeto de diferentes abordagens. Algumas abordam a reflexão sobre as formas de reorganização pós-fordista e se apresentam como uma versão da especialização flexível e da denominada nova competição. Outros trabalhos inscrevem-se, sobretudo, na perspectiva de um melhor conhecimento das dimensões endógenas e cognitivas dos processos de industrialização difusa (Borin, 2006).

Para a autora, parece que essas abordagens, ou esses paradigmas, não podem ser fundamentalmente separados na medida em que o processo de globalização de atividades coloca em relação quase direta e imediata, ao mesmo tempo, os níveis mundial e local da organização produtiva e das trocas, os processos de difusão técnica e de circulação da informação, além dos aspectos financeiros.

Os diversos trabalhos realizados em países tais como Itália, Brasil, México, França, Estados Unidos etc., para quaisquer que sejam as diferentes denominações utilizadas — distritos industriais no sentido amplo, sistemas produtivos locais, polos de industrialização, *clusters* de empresas —, o grau de especialização ou a amplitude das cooperações interempresas, colocaram em foco a importância das estruturas sociais que condicionam as atividades econômicas, o peso da história e das tradições locais de cooperação, a influência de instituições baseadas em regras, formais ou informais, em valores e em representações que organizam a comunidade humana de trabalho.

Verifica-se que os diversos enfoques procuram ressaltar tanto a importância da articulação de empresas e de outros agentes quanto a dimensão territorial. Como principais traços de abordagem análoga à de arranjo produtivo, segundo o glossário elaborado pela Rede de

Pesquisa em Sistemas e Inovativos Locais (RedeSist) (2005), destacam-se: *cluster*, distrito industrial, meio inovador, polos, parques científicos e tecnológicos, redes de empresas, sistemas produtivos inovativos locais, cadeia produtiva.

Porém, apesar da diversidade de propostas e métodos analíticos sobre a questão, pode-se afirmar, de modo genérico, que as empresas tendem a se organizar em um tipo de aglomeração geográfica definida em torno das seguintes modalidades, segundo Lastres *et al.* (2003):

1. Arranjo geográfico casual de empresas, com fracos elos de inter-relacionamento, escassa cooperação e instituições fracas;
2. Distritos Industriais Marshallianos (italianos), com práticas de cooperação interfirmas, instituições locais mais desenvolvidas e especialização dos empreendimentos;
3. Redes de empreendimentos com um líder dominante, que fornece os serviços estratégicos e reorganiza a produção, as instituições locais e o próprio mercado.

Dos três, segundo os mesmos autores, a rede é o de maior poder expansivo e adaptativo às exigências de mercados globais sem perda de identidade do arranjo local.

Conforme podemos observar, segundo os autores, o primeiro modelo de organização que utiliza práticas de cooperação interempresas com objetivo de desenvolvimento comum foram os Distritos Industriais Italianos, definidos por Marschall (Marschall, 1896 *apud* Lastres *et al.*, 2003, p. 22) e descritos por Beccatini (1994 *apud* Borin, 2006) como "um caso concreto de divisão do trabalho localizado, na medida em que cada uma das empresas tende a especializar-se em uma ou algumas etapas dos processos produtivos específicos de cada distrito". Esse sistema evolui, mas se constitui como uma das primeiras formas de organização de divisão do trabalho fora do âmbito ou das entranhas de uma grande empresa, de produção e desenvolvimento por cooperação produtiva, tendo uma governança participativa de todo o processo.

> A origem e o desenvolvimento do distrito são fruto de um processo de interação entre a divisão e a integração do trabalho no próprio distrito, a procura permanente de novos mercados para seus produtos e a constituição de uma sólida rede de relação com o mercado externo. (Borin, 2006, p. 11)

O APL, que vem a ser uma evolução desse conceito, tem seu maior desafio quando se confronta com as exigências da globalização e de um mercado mais exigente e com muito mais competição, agora não mais local. Esse fato apresentou desafios que a simples postura de ação em mercados locais não poderia suplantar para o desenvolvimento de seus atores. Novos conceitos e novas ferramentas são, então, necessários para os arranjos que não se organizam a partir de um líder dominante, apontado como o modelo de maior poder expansivo, pelos autores Lastres *et al.* (2003). E, mesmo para estes, as novas ferramentas podem proporcionar um incremento em seu poder expansionista.

Esse novo conceito — a Tecnologia de Informação e Comunicação — e a nova ferramenta — a Mídia — se apresentam como indispensáveis num mundo de mercados cada vez mais informatizados e de públicos cada vez mais interativos e exigentes.

PARTE 4

MÍDIA E COMUNICAÇÃO NO APL

A informação sempre foi essencial para a vida dos empreendimentos, mas num mundo globalizado ela se tornou de vital importância para a sobrevivência e conquista de mercados para as empresas, além de apoio aos processos produtivos. O desenvolvimento experimentado pelo setor de informação, impulsionado, verdadeiramente catapultado pelo desenvolvimento da tecnologia da Transmissão de Informação (TI), revolucionou costumes sociais e posturas comerciais e econômicas no mundo inteiro. A facilidade de circular uma informação em questão de segundos de uma parte a outra do mundo, a possibilidade de estar em contato simultâneo com vários agentes de um mesmo processo político e/ou produtivo por meio de conferências a partir de vários lugares do mundo e a integração dos atores de Pesquisa, Desenvolvimento e Inovação (P&D&I) por meio do intercâmbio imediato entre os Centros de Desenvolvimento Tecnológico espalhados ao redor do planeta levam a uma alteração de visões e de posturas quanto às ações nos arranjos quanto ao acesso tecnológico, à produção e à comercialização de seus produtos.

No Brasil, as aglomerações, divididas por setor de atividade econômica e por território, recebem incentivos de Fundos Setoriais, como o Fundo Verde-Amarelo, voltado para a interação Universidade-Empresa, por exemplo. No estado do Rio de Janeiro, foram determinados 13 setores geográficos com diferentes atividades-fim, como nos demonstra o Quadro 1:

Quadro 1 – Divisão de setores de produção do estado do Rio de Janeiro

GRANDE SETOR	Nº de Conc.	%	Em-presas	%	Nº de Estab.	%	Remun. (dez. 2001 - R$)	%	Tam. Médio Empr.	Remun. Média (R$)
1 – Agroindústria	5	8,2%	2.725	1,1%	351	2,5%	1.092.131	0,4%	7,76	400,78
2 – Pecuária e Pesca	8	13,1%	4.486	1,9%	988	7,0%	1.686.518	0,5%	4,54	375,95
3 – Petróleo	1	1,6%	22.517	9,5%	144	1,0%	57.479.393	18,4%	156,37	2.552,71
4 – Têxtil-Vestuário	9	14,8%	26.607	11,2%	3.660	25,9%	10.661.419	3,4%	7,27	400,70
5 – Extração Mineral e Produtos de Minerais Não Metálicos (Cerâmica e Cimento)	9	14,7%	11.302	4,7%	842	5,9%	5.124.866	1,7%	13,42	453,45
6 – Papel, Editorial e Gráfico	2	3,3%	16.666	7,0%	1.039	7,4%	19.563.875	6,3%	16,04	1.173,88
7 – Petroquímico, Químico e Farmacêutico	6	9,8%	22.907	9,6%	633	4,5%	36.653.081	11,7%	36,19	1.600,08
8 – Metal-Mecânico	6	9,8%	24.615	10,3%	259	1,8%	32.316.818	10,4%	95,04	1.312,89
9 – Mobiliário	2	3,3%	1.946	0,8%	187	1,3%	862.984	0,3%	10,41	443,47
10 – Informática	2	3,3%	19.546	8,2%	1.362	9,6%	37.921.495	12,2%	14,35	1.940,12

GRANDE SETOR	Nº de Conc.	%	Em-presas	%	Nº de Estab.	%	Remun. (dez. 2001 - R$)	%	Tam. Médio Empr.	Remun. Média (R$)
11 – Turismo	4	6,6%	23.901	10,0%	1.741	12,3%	14.347.994	4,6%	13,73	600,31
12 – Telecomunicações, Audiovisual e Atividades Culturais e Esportivas	3	4,9%	47.142	19,8%	1.905	13,5%	85.688.236	27,5%	24,75	1.817,66
13 – Serviços Médicos e de Transporte	4	6,6%	13.645	5,7%	1.014	7,2%	8.633.920	2,8%	13,46	632,75
Total de Concentrações	61	100%	238.005	100%	14.125	100%	312.032.730	100%	16,85	1.311,03

Fonte: elaboração própria a partir da base de dados da Rais (2001) – https://sebrae.com.br/Sebrae/Portal%20Sebrae/UFs/RJ/Menu%20Institucional/Sebrae_INFREG_2013_RioCidade.pdf

A metodologia desenvolvida pelo Sebrae para o desenvolvimento dos APLs (Caporali; Volker, 2004) define 3 três eixos, a saber: Dinâmica de Distrito; Desenvolvimento Empresarial e Organização da Produção; Informação e Acesso a Mercados. O terceiro desses eixos, Acesso a Mercados, inclui a teoria dos três "Cs", introduzida por Michael Porter (Porter, 2004): **C**ustos, **C**lientes e **C**oncorrentes. Lá está dito claramente que: "[...] as ações de mercado devem ser realizadas desde o início do Programa, servindo de incentivo para todo o resto do projeto" (2004, p. 56). Mas o estudo é extremamente vago a respeito, limitando-se a definir como esperado para o acesso a mercados a "capacitação em marketing" e "estudos de mercado".

No capítulo Estratégia, a Metodologia de Desenvolvimento dos Arranjos Produtivos Locais (Promos/Sebrae/BID, 2004, p. 61) afirma que "o domínio da estratégia [...] se identifica como uma das maiores dificuldades para a implantação de um programa amplo de desenvolvimento de APLs", porque "depende de uma percepção aprofundada do sistema empresarial e institucional local, **do conhecimento dos mercados consumidores e dos concorrentes** (grifo nosso), e dos diversos sistemas de interesse envolvidos".

O projeto, o maior estudo metodológico desenvolvido por um dos maiores promotores de desenvolvimento local, destaca a necessidade da atuação nos mercados como necessária ao sucesso do empreendimento, mas demonstra a falta de estudos a respeito, a ponto de não ir além, e nem de apontar os caminhos e as áreas que devem ser incorporadas ao projeto do APL. Apenas mencionar o Marketing é muito genérico e indefinido.

A área, o Marketing, a ferramenta, a Comunicação, e o meio, a Mídia, deveriam estar presentes nessa metodologia, como o caminho apontado nesse eixo e suas formas de incorporação ao projeto. O projeto de um APL é necessariamente multidisciplinar e concentrar as ações de pesquisa e inovação exclusivamente na área tecnológica industrial de desenvolvimento de produtos é pôr em risco o sucesso do empreendimento por não agregar a essa mesma pesquisa a Tecnologia de Informação e Comunicação (TIC), também necessária ao projeto.

Figura 1 – Funções da organização do APL

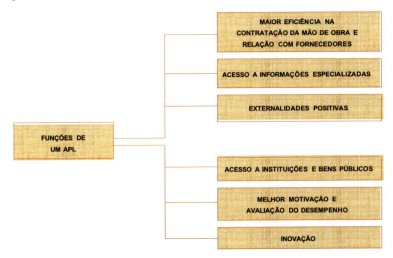

Fonte: Porter (1998)

Na Figura 1, Porter (1998) aponta, entre as funções de um *cluster*, que se aproxima em alguns aspectos de um APL, a necessidade da incorporação dos processos de **Inovação** e o **Acesso a Informações Especializadas** como sendo básico para o bom funcionamento deste. Dentre os diferentes tipos de informações especializadas destacamos aqueles que levam ao desenvolvimento de inovação tecnológica em seus processos produtivos e no uso da mídia para a divulgação de suas ações e venda de seus produtos.

Falar em uso da mídia, porém, não significa apenas utilizar a informação em um suporte dirigido a públicos externos ao Arranjo Produtivo. Os próprios atores envolvidos na produção e na geração de riquezas que possam ser compartilhadas têm de se mobilizar definindo suas prioridades e objetivos, a direção de seus esforços produtivos e no rumo e na maneira que o desenvolvimento pretendido irá modificar as suas vidas.

> [...] para se mobilizarem as pessoas precisam, no mínimo, de informação, mas, além disso, precisam compartilhar um imaginário, emoções e conhe-

cimentos sobre a realidade das coisas à sua volta, gerando reflexão e o debate para a mudança. (Henriques, 2004, p. 46)

Não é possível mobilizar as pessoas, sensibilizá-las acerca da necessidade da coordenação de esforços produtivos em torno de uma mesma ideia, sem pensar na Comunicação como o instrumento capaz de conseguir esse resultado. É necessária a inclusão de processos de comunicação integrados à metodologia de desenvolvimento para levar o sucesso das ações de produção que objetivam ao desenvolvimento pretendido por determinada comunidade local, nos rumos definidos por esta, dentro do projeto do arranjo.

Para isso, é imprescindível que as pessoas produzam sua própria mídia voltada para eles mesmos e que isso já esteja incorporado ao próprio projeto do APL. Nesse caso, é necessário o papel coadjuvante da educação, institucionalmente, com agentes de perfil desenvolvimentista e cidadão, dando claro suporte para a mobilização das pessoas integrantes do APL, repassando metodologias e experiências. Em outras palavras, informação que irá gerar informação que irá gerar produção e desenvolvimento.

O Grupo de Trabalho Permanente para Arranjos Produtivos Locais (GTP-APL), Instituído pela Portaria Interministerial nº 200 (MDIC, 2004) determina a proposição de "modelo de gestão multissetorial [...] no apoio ao fortalecimento de Arranjos Produtivos Locais" e "construir sistemas de informações para o gerenciamento das ações [...]". Isso foi atendido mediante a proposta metodológica contida em um Manual Operacional chamado Inteligência Comercial (IC) para Arranjos Produtivos Locais, de agosto de 2004, que define IC como a "capacidade de transformar dados em informações, e informações em conhecimentos, com foco no mercado, que levem à realização de negócios".

Um grande problema que pequenas empresas enfrentam está em sua capacidade de sobrevivência. De fato, é bastante elevada e sintomática a taxa de mortalidade de empresas no Brasil.

Tabela 2 – Taxa de mortalidade das pequenas empresas por região e Brasil (2000-2002)

Ano de Constituição	Regiões					Brasil *
	Sudeste	Sul	Nordeste	Norte	Centro Oeste	
2002	48,9	52,9	46,7	47,5	49,4	49,4
2001	56,7	60,1	53,4	51,6	54,6	56,4
2000	61,1	58,9	62,7	53,4	53,9	59,9

Fonte: Sebrae (2007)

A Tabela 2, apresentada pelo Sebrae, mostra números bastante preocupantes quanto ao sucesso do pequeno empreendimento no Brasil. No período entre 2000 e 2002 houve um decréscimo da taxa de 60 para cerca de 50 por cento. Mesmo assim ela continua bastante alta. Segundo dados do mesmo Sebrae, esse índice chega a 56% no quinto ano de vida das empresas, no estado de São Paulo.

Num sistema capitalista, o único modo de permanência de uma empresa está em sua aceitação pelo mercado para a realização das vendas de seus produtos. Esse fato deve ser enfrentado tanto pelas empresas instituídas de maneira independente como pelas nascidas nos APLs. Desse jogo também não estão imunes as cooperativas e as empresas incubadas em ambiente universitário.

Logo, inserir ações de geração de informação própria e de sua mídia a partir da mobilização dos integrantes do projeto produtivo, aprendendo a direcionar essa informação e essa mídia, tendo à disposição uma metodologia de auxílio a essa gestão, é um passo certamente mais seguro para o sucesso do empreendimento local.

O Sebrae desenvolveu uma metodologia para aquilo que, no mercado, é denominado de Inteligência Competitiva (IC). Ela aponta a necessidade de elaborar e implantar um plano de marketing, segmentando mercados, descobrindo e explorando seus nichos, prospectando novos mercados, identificando demanda de produtos, tendências de mercado e potenciais clientes para seus produtos e serviços, entre outras ações mercadológicas. Recomenda, inclusive, à área de produção, adequar os atuais produtos e serviços às exigências de mercado, introduzindo programas de design e de qualidade nos produtos. Ou seja, não basta apenas produzir. Se a demanda identificada do mercado for por inovação e criatividade, não há como escapar dessa exigência. Se não for para ter esse tipo de comportamento e se os atores do processo produtivo não conseguirem compreender essa necessidade, é melhor nem implementar o processo.

O método operacional proposto pelo Sebrae, porém, situa-se apenas no fato da recomendação da criação de um Núcleo de IC, gerenciado e dirigido por **um profissional de mercado**. Um profissional de mercado, porém, não é partícipe da cultura do arranjo produtivo. Não espelha a vontade e nem os valores dessa comunidade. Não será capaz de motivar seus membros com a mesma intensidade que se os conteúdos fossem produzidos por estes.

Queremos voltar à ideia de mobilização mencionada anteriormente. **Entendemos que um APL se reveste de um caráter social forte** (e isso é importante se ter em conta). Exatamente por isso, a participação de seus membros no gerenciamento de suas ações impõe-se como fundamental para que haja motivação e desenvolvimento da ideia. Nesse caso, a universidade poderá apresentar-se como ator importante do processo, capaz de transferir o conhecimento necessário para transformar receptores em geradores de desenvolvimento.

Estamos falando de prover uma capacidade de autogestão da mídia para que esses Arranjos Produtivos possam determinar seus conteúdos midiáticos e até mesmo criar seus próprios veículos comunicacionais, sem dependência de grandes grupos de mídia que encareçam e inviabilizam uma utilização adequada desta e sejam beneficiados pelos seus resultados.

Do mesmo modo como vimos a importância reconhecida da informação e da mídia no sucesso de ações de produção, atuando sobre o mercado receptor, vemos também a importância de que esses processos informacionais e midiáticos, da comunidade local, sejam também apropriados por eles. Assim, podemos esperar que as estatísticas relacionadas a insucessos de novos empreendimentos não os atinjam e que os frutos colhidos pelo desenvolvimento possam contribuir para a melhoria da sociedade, não apenas local, mas como um todo também.

PARTE 5

O ESTUDO DE CAMPO

Metodologia

A realização de uma pesquisa de forma aplicada se deve à necessidade de demonstração empírica que a natureza de uma proposta com essa finalidade impõe. Dessa maneira é possível a obtenção de dados objetivos advindos da prática e da vivência de um local produtivo, que forneça uma base de informações que possam se confrontar com a revisão teórica proposta. Os resultados poderão ser aplicados em qualquer região do Brasil e os dados a serem coletados são provenientes de análise documental e de análise científica. O local para o estudo de campo foi escolhido levando em consideração as limitações de tempo e de recursos disponíveis para a realização da pesquisa.

Foi realizada uma qualificação dos dados coletados mediante entrevistas semiestruturadas com os participantes do arranjo local, por meio de perguntas previamente formuladas para a condução do processo, sem excluir a oportunidade do surgimento de novas questões durante a realização da entrevista, caracterizando a pesquisa como qualitativa. O registro da fala dos atores sociais que participaram da investigação foi feito a partir de anotações simultâneas à comunicação e, quando foi permitido, foi utilizado o gravador (Neto, 1994). Para a análise dos dados levantados foi adotado o método hermenêutico-dialético, desenvolvido por Maria Cecília de Souza Minayo (1994). Esse método de análise possui dois pressupostos. O primeiro diz respeito à ideia de que não há consenso e nem ponto de chegada no processo de conhecimento. E o segundo pressuposto se refere ao fato de que a ciência se constrói numa relação dinâmica entre a razão daqueles que praticam e a experiência que surge na realidade concreta (Gomes, 1994). Os passos propostos para operacionalização do método são: (a) *ordenação dos dados*: nesse momento, faz-se um mapeamento de todos os dados obtidos no trabalho de campo. Aqui estão envolvidos, por exemplo, transcrição de gravações, releitura do material, organização dos relatos e dos dados da observação participante. (b) *Classificação dos dados*: nessa fase é importante ter em mente que o dado não existe por si só. Ele é construído a partir de um questionamento que o pesquisador faz sobre eles, com base em uma fundamentação teórica. A partir daí, o pesquisador determina o conjunto ou os conjuntos das informações presentes nas comunicações. (c) *Análise final*: nesse momento, o pesquisador procura estabelecer articulações entre os dados e os referenciais teóricos da pesquisa, respondendo às questões da pesquisa com base em seus objetivos. Assim, *"promove-se relações entre o concreto e o abstrato, o geral e o particular, a teoria e a prática"* (Minayo, 1994, p. 79).

Perfil Socioeconômico: Polo de Moda Praia de Cabo Frio

Localizada na região da baixada litorânea do estado do Rio de Janeiro, Brasil, conhecida como Região dos Lagos, a configuração produtiva focalizada no trabalho, em termos do setor de confecções, no município de Cabo Frio, é conhecida como Configuração Produtiva Local de Confecções de Moda Praia, ou CPL Moda Praia de Cabo Frio.

A classificação de CPL está baseada na análise realizada pelo Sebrae-RJ (Serviço Brasileiro de Apoio às Micro e Pequenas Empresas no Estado do Rio de Janeiro), em dezembro de 2004 (Sebrae, 2004), último realizado a respeito no local, que levantou o perfil socioeconômico e organizacional da região, e por meio de entrevistas com as empresas, comparou com as características de Arranjos Produtivos Locais, ou APL, e com os Sistemas Produtivos e Inovativos Locais, ou SPIL, concluindo que aquele tipo de aglomeração produtiva se assemelhava mais a uma CPL.

Segundo Cassiolato e Lastres (2003), um Arranjo Produtivo Local (APL) é uma "aglomeração territorial de agentes econômicos, políticos e sociais, com foco em um conjunto de atividades econômicas, que apresentam vínculos mesmo que incipientes". Essa característica classifica um modelo de desenvolvimento local baseado na ideia de Distritos Industriais, que foram o ponto de partida para a compreensão da formação de uma comunidade produtiva, com a presença de vários tipos de agentes econômicos e sociais em um mesmo território, focados numa produção comum. Com o tempo, essa concentração de sistemas de valores relativamente homogêneos evolui para uma organização de sistemas institucionais e de mercado, com regras voltadas para a organização do trabalho, com tendência à especialização da cadeia produtiva. Outra característica desse tipo de organização produtiva é apresentar um volume de capital fixo relativamente baixo, com inovação do tipo incremental, baseada na difusão, aprendizagem e adaptação da tecnologia. É como se fosse uma espécie de grande empresa onde cada unidade é autônoma e participa de uma pequena parte da produção, aproveitando as vantagens de escala. Uma das principais vantagens de escala que vão incidir, nesse caso, é a maior capacidade de negociação de insumos com fornecedores e financiamentos por meio de fundos setoriais ou do sistema financeiro privado.

Já um Sistema Produtivo e Inovativo Local (Spil) é o resultado de "interação, cooperação e aprendizagem com potencial de gerar o incremento da capacidade inovativa endógena, da competitividade e do desenvolvimento local". Os mesmos pesquisadores apontam que os APLs também

> [...] envolvem a participação e a interação de empresas e suas variadas formas de representação e associação. Incluem também diversas outras instituições públicas e privadas voltadas para formação e capacitação de recursos humanos (como escolas técnicas e universidades); pesquisa, desenvolvimento e engenharia; política, promoção e financiamento (Cassiolato; Lastres, 2003, p. 27).

Essa análise sobre o polo de moda praia de Cabo Frio, realizada pelo Sebrae (vide capítulo Pesquisa Rua dos Biquinis), aponta três problemas que se constituem, em primeiro lugar, na fraca concentração de empresas no setor da confecção, ou seja, o baixo número de empresas do setor; em segundo lugar a fraca especialização dos estabelecimentos, tendo como consequência a fraca cooperação entre eles; e, por último, a ausência de ações significativas das instituições para intensificar as relações entre as empresas e entre as empresas e as instituições. Diante do apresentado, ainda falta algum desenvolvimento para se alcançar o nível descrito por Cassiolato e Lastres (2003) como o de um APL.

Dessa forma, os modelos dos conceitos teóricos apresentados — APL, Spil ou Distrito Industrial — não se ajustam ao Polo de Moda Praia de Cabo Frio. Dificilmente encontraremos o grau de especialização, complementaridade e de interação na baixada litorânea que justifiquem a caracterização dos polos aí existentes como alguns desses modelos (Sebrae, 2004, p. 6).

Neste estudo da região optamos por utilizar o conceito proposto por Fauré e Hasenclever, que propõe um estágio menor de APL, tratando como Configuração Produtiva Local (CPL). Essa configuração guarda a característica de aglutinação em torno de produção, comercialização de provisão de serviços, mas não antecipa o grau de cooperação entre empresas, nem o grau de especialização.

Todavia, os mesmos princípios de formação de aglomerados econômicos com objetivos de geração de trabalho e elevação do nível de renda local estão presentes. A análise dos dados coletados pelo Sebrae (Sebrae, 2004) considera que existem padrões clássicos que conferem competitividade para o grupo de empresas aglomeradas e apresenta um grau de relevância enquanto geradora de emprego.

Um olhar histórico sobre a formação econômica da região nos ajuda a compreender o porquê de um estágio maior ainda não ter sido alcançado.

A formação econômica da baixada litorânea fluminense

A região de Cabo Frio, originalmente ocupada por índios tamoios, foi palco do desembarque da expedição de Américo Vespúcio em 1503, mas apenas em 1615 foi fundada a cidade de Santa Helena, com a chegada de migrantes portugueses. Em 1616 a cidade passou a se chamar Nossa Senhora da Assunção de Cabo Frio.

Inicialmente isolada, com acesso apenas pelo mar, o que determinou uma economia pesqueira, a cidade prosperou lentamente até fins do século 19, já então com grandes latifúndios e utilização de mão de obra escrava na atividade agrícola do cultivo da cana-de-açúcar. A extinção dessa força produtiva com a abolição trouxe declínio para a região, que só começou a ser revertido muito mais tarde com o surgimento da indústria do sal e, ainda mais posteriormente, do turismo.

A ferrovia e a rodovia auxiliaram o desenvolvimento desses setores que, no caso da indústria do sal, alcançou seu auge na década de 60 com a instalação do complexo industrial da Companhia Nacional de Álcalis no antigo distrito de Arraial do Cabo. O turismo, porém, foi progressivamente ocupando, desde então, um lugar de destaque na geração de recursos para a região, transformando a região num dos maiores polos de atração turística do estado do Rio de Janeiro.

Tabela 3 – Característica populacional dos municípios em 2002

	População	Área (km²)	Densidade Demográfica (ha/km²)	Taxa de urbanização
CPL*	163.710	568,20	288,12	86,22
Cabo Frio	138.876	410,60	338,23	83,76
Arraial do Cabo	24.834	157,60	157,57	100,00
Baixada Litorânea	685.290	5.427,90	126,25	85,94
Estado do RJ	14.768.969	43.864,30	336,70	96,04

* A CPL compreende os municípios de Arraial do Cabo e Cabo Frio.
Fonte: Grupo de Economia e Inovação (GEI/IE/UFRJ), com base no Anuário Estatístico do Rio de Janeiro (2003)

Pela Tabela 3 pode-se verificar que a densidade populacional na região da CPL Moda Praia de Cabo Frio é inferior à do estado do Rio, mas bem superior à de toda a baixada litorânea. Entre 1996 e 2002, o crescimento populacional da CPL ficou entre 34 e 35 por cento, contribuindo para uma concentração nesse polo, em relação à região à sua volta.

A indústria não se mostra como a principal atividade econômica, sendo a agropecuária, a pesca e o turismo as maiores atividades econômicas e geradoras de renda para a população local. Esse quadro começa a se alterar com a instalação da Companhia Nacional de Álcalis, em Arraial do Cabo, na década de 60, junto com as indústrias de processamento de sal em Cabo Frio, desativadas em 1985. Em 2002 a indústria se apresenta como a maior fonte de renda na baixada litorânea, suplantando os setores de comércio; serviços; aluguéis; e transporte e comunicações; como podemos ver na Tabela 4:

Tabela 4 – Comparativo do PIB de regiões, por setores de atividades – 2002 (R$ 1.000,00)

Setores de atividades	CPL	Baixada Litorânea	Estado	CPL/BL
Agropecuária	3.719,06	54.882,85	804.558,54	5,79 %
Indústria	140.426,60	296.536,52	28.410.635,03	47,35 %
Comércio	59.848,77	156.070,37	11.256.395,60	38,34 %
Construção Civil	97.298,92	479.893,09	11.224.598,22	20,27 %
Transporte e Comunicação	98.827,51	263.694,33	12.623.860,50	37,47 %
Aluguéis	217.721,71	907.182,22	19.123.198,07	23,99 %
Prestação de serviços	152.813,25	649.808,96	38.900.585,70	23,51 %

Fonte: Grupo de Economia e Inovação (GEI/IE/UFRJ), com base no site da Fundação CIDE

Apesar do relativo peso da indústria como fonte de renda local, 68,07 % do total se refere à Companhia Nacional de Álcalis e às demais indústrias criadas em função desta, nos municípios de Arraial do Cabo e de Cabo Frio, que compõem a CPL.

A renda *per capita* do estado do Rio de Janeiro em 2002 foi de R$ 12.980,97 (Sebrae, 2004, p. 15). A CPL, no mesmo período, apresentou renda de R$ 6.020,54, quase a metade da do estado e superior à da Baixada Litorânea, que foi de R$ 5.334,05.

Os Índices de Desenvolvimento Humano – Município (IDH – M), em 2000 (Sebrae, 2004, p. 16) de ambos os municípios são considerados médios (0,790 para Arraial do Cabo e 0,792 para Cabo Frio). A taxa de analfabetismo é, aproximadamente, de 7,5%.

Características da Configuração Produtiva Local de Confecção

Como visto acima, o forte da indústria da região litorânea, incluída a CPL, é a indústria química, cuja produção tem destaque para os mercados nacional e internacional. As demais indústrias, porém, tendem a ganhar força, principalmente após a desativação da Companhia Nacional de Álcalis e a expansão das indústrias de alimentos e de vestuário.

Tabela 5 – Participação da indústria de transformação na CPL – 2002 (R$ 1.000,00)

	Química *	Produtos alimentares	Vestuário	Outros	Total
CPL	95.323	41.162	382	857	137.725
Baixada Litorânea	95.887	92.406	1.334	90.774	280.371
Estado	7.313.587	1.884.353	301.834	18.775.284	28.275.059

Fonte: Grupo de Economia e Inovação (GEI/IE/UFRJ), com base no site da Fundação CIDE
* O Petróleo influencia a Baixada Litorânea.

Conforme mostra a Tabela 5, a indústria química na região é fortemente baseada em uma empresa que responde por grande parte da produção e concentra as demais em torno de si. A de produtos alimentares é caracterizada por uma quantidade de empresas independentes que não se aglutinam para a formação de nenhum tipo de polo. A de vestuário, porém, se organiza de maneira a criar um polo de atração, unindo micro e pequenas empresas em torno de um vínculo cooperativo, de modo a que se desenvolvam juntos, compartilhando esforços e dividindo investimentos.

Segundo o estudo do Sebrae (Caporali e Volker, 2004), um número representativo das empresas de confecção, 44%, têm entre 4 e 10 anos de idade. Estão distribuídas bastante equilibradamente entre formais, 51%, e informais, 49%. Cerca de 65% dos empregados são das próprias empresas e 35% terceirizados. Os trabalhadores apresentam um grau significativo de escolaridade, com 33% completado o segundo grau técnico, 22% o ensino médio, 21% o fundamental e 7% o ensino superior.

Apesar da fraca cooperação, os empresários do polo são conscientes de que a compra conjunta de matéria-prima pode ajudar a diminuir os custos de produção. Vemos, aí, um campo bastante propício para encorajar programas de apoio que incentive ações coletivas, como as de divulgação e de marketing. Nesse campo, 80 % por empresários não focam o seu público-alvo por segmentos de mercado, preferindo atuar de forma genérica e difusa, o que dificulta a comercialização dos produtos. Apenas 17% têm como alvo a classe média.

Quanto aos canais de comercialização, 38% da produção é canalizada para loja de varejo, 30% para atacadistas e 17% para a loja de fábrica. Cadeias de lojas compram 6% e representantes levam 4%. Apenas 14% das empresas da CPL conseguem exportar (Sebrae, 2004).

Para um mercado midiatizado, com alta tecnologia de informação e globalizado, o uso da mídia nesses níveis simplesmente alija e impede que a configuração tenha uma participação e brigue pelo mercado.

Na gestão interna, até 88% dos empresários desconhecem programas de qualidade. Poucos investem em desenvolvimento de design do produto, alegando "poucos profissionais disponíveis no mercado" — 52% (Sebrae, 2004, p. 16); 11% acreditam que o mercado não é receptivo e não valoriza; 72% desenvolvem o design de seus produtos internamente, sem utilização de mão de obra especializada; 2% terceirizam; e 13% utilizam os dois.

Apesar disso, quase 63% das empresas atingem um faturamento anual de até R$ 50.000,00, 24% na faixa entre R$ 50.00,00 e R$ 100.000,00 e 13% acima de R$ 100.000,00 até R$ 3.000.000,00. As áreas mais acompanhadas, que nos causam incômodo, são contas a pagar e a receber, 69%, faturamento, 66%, compras, 64%, e estoques, 57% (Sebrae, 2004).

Nosso incômodo vem do fato de que acompanhar faturamento não é o mesmo que tomar medidas efetivas de controle de comercialização do produto, do gerenciamento das vendas e de colocar o produto na mente dos consumidores (*share of mind*).

Por outro lado, quase todos os empresários, 98%, destacam a importância do desenvolvimento do *Design*, de um núcleo de apoio e de formação de mão de obra especializada em desenho de moda.

Por uma análise direta e superficial desses dados, pode-se avaliar a dificuldade dessa configuração produtiva local de atingir seu objetivo de crescimento econômico e elevação do nível econômico de seus integrantes. O mercado se afigura como algo distante e inatingível sem grandes investimentos. Essa concepção se alicerça no desconhecimento de alternativas de canais de mídia para atingir esse mesmo mercado e da falta de preparo mercadológico e de mão de obra técnica especializada para lidar com o assunto.

Resultados das ações de Mídia do Polo Moda Praia

O Polo de Modas Praia de Cabo Frio, também conhecido como CPL Moda Praia de Cabo Frio, se consubstancia na marca "modapraiacabofrio", com *site* na Internet e, apesar de seus 170 associados, está concentrado na chamada "rua dos biquínis", onde se localizam aproximadamente 100 lojas que se congregam na Acirb (Associação Comercial da Rua dos Biquinis).

Na Imagem 1 pode-se observar a localização do CPL Moda Praia Cabo Frio, onde também se localiza a Associação Comercial e Industrial Rua dos Biquinis (Acirb):

Imagem 1 – Vista aérea da Rua dos Biquinis – Cabo Frio/RJ

Fonte: Google Earth – 10 de setembro de 2008

O CPL possui uma área de exposição com circulação livre de pedestres, facilitando o contato e a visualização dos produtos, além de ser um local facilitador para qualquer tipo de mídia alternativa voltada para o contato direto com o público. O local é propício para a instalação de alguns tipos de mídia audiovisual como rádio e telas com programação pré-definida.

A presença de consumidores na área de vendas também propicia a utilização da tecnologia *bluetooth* no envio de mensagens promocionais, como uma ferramenta de marketing localizado. A Imagem 2 dá uma panorâmica do local referenciado:

Imagem 2 – Rua dos Biquinis – 28/08/2008

Foto: o autor

De fato, os membros do CPL aproveitam a área de exposição assim definida para atrair os consumidores por meio de suas próprias vitrines ou acessos às lojas, como se pode reparar nas imagens a seguir, relacionadas nas Imagens 3, 4 e 5.

Imagem 3 – Rua dos Biquinis – 28/08/2008

Foto: o autor

Imagem 4 – Rua dos Biquinis – 28/08/2008

Foto: o autor

Imagem 5 – Rua dos Biquinis – 28/08/2008

Foto: o autor

A grande característica desse aglomerado é a sua constituição quase que total de varejistas, em oposição à de atacadistas exportadores. O resultado da pesquisa Rua dos Biquinis, 2008, nos permite determinar que esse cliente é varejista (100%), do sexo feminino (78%), tem uma boa distribuição etária sem predomínio significativo de nenhuma faixa, predominantemente casadas (56%), com filhos (56%) e escolarizadas (44% com nível superior e 15% de pós-graduadas). Não há concentração em área profissional, mas apresentam uma ligeira predominância de pessoas sem ocupação definida (26%). A renda familiar também não apresenta concentração, com maior intensidade na faixa entre R$ 1.000,00 e R$ 5.000,00, numa escala de zero a mais de R$ 8.000,00. De fato, a média situa-se em torno de R$ 4.000,00.

São provenientes de outras cidades do estado do Rio (33%), excluindo- se a capital (22%). Os outros estados que mais participam como clientes são Minas Gerais (18%) e São Paulo (6%), com uma procura do resto do país da ordem de 8% e de 13% de pessoas da mesma região. A procura internacional restringe-se a meros 1%.

Esse público se desloca em seu próprio automóvel (82%) e vai, pelo menos, uma vez por ano ao Polo (40%), com 33% e 27% para 2 e 3 vezes anuais, respectivamente. A pesquisa também aponta um potencial de novos clientes da ordem de 10%.

O mais significativo, que evidencia bem as dificuldades de crescimento, é que a Mídia é muito pouco utilizada: catálogo na Internet (sites das empresas) em 13% das empresas; 11% distribuem folhetos (*folders*); e 10% gastam em catálogos impressos. Catálogos em CD aparecem em 6% das iniciativas de divulgação das empresas (Sebrae, 2004). Para um mercado midiatizado, com alta tecnologia de informação e globalizado, o uso da Mídia nesses níveis simplesmente alija e impede que a configuração tenha uma participação e brigue pelo mercado.

Em 2006 e 2007, o Sebrae-RJ realizou com a Universidade do Estado do Rio de Janeiro, por intermédio do Programa de Estatística Aplicada do IME (Instituto de Matemática e Estatística – Prestap), uma pesquisa de nome Geor – Confecção de Moda Praia em Cabo Frio, com o objetivo de "**contribuir para o aumento da capacidade competitiva** e o desenvolvimento sustentável das micro e pequenas empresas (grifo nosso)" (Apêndice 1) e manifestando a intenção de "propor objetivos e metas para o aprimoramento, crescimento, redução dos custos, aumento da produtividade, criação de novos produtos, melhoria das condições de trabalho, aumento do número de postos de trabalho, transporte [...]" (Apêndice 1). Essa pesquisa coloca como referência três momentos para análise: T0 = 2005, T1 = 2006 e T2 = 2007.

Ela apresenta um crescimento de 37,5% nas vendas em T2, para uma meta de 10%. A meta proposta pelo Sebrae para exportação era de 20% e os resultados obtidos foram de (-73,7%) e (-24,7%) nos períodos T1 e T2, respectivamente, longe do direcionamento voltado para exportação, como esperava a governança do Polo.

Durante o levantamento efetuado, foi realizada uma entrevista com o presidente da Acirb, Sr. Marcelo Chuauri (Anexo 2), que abordou a necessidade de uma alteração no projeto proposto pelo Sebrae (Caporali; Volker, 2004) no sentido de se incluírem ações voltadas para a atração do público consumidor. Ou seja, estão faltando ações de Mídia, direcionadas ao real público comprador da produção do CPL, verdadeiro objetivo de sua constituição. Segundo o Sr. Marcelo Chuauri, o único ganho real de publicidade foi alcançado por meio da realização das promoções como a Cabo Frio Fashion Beach, uma feira com exposição dos produtos na forma de desfile de moda.

O Sebrae também indica a realização de Feiras de Negócios como ação promocional ideal para o objetivo de atração de compradores, como demonstra o tipo de ações de marketing relatadas pelo Sistema de Informação da Gestão Estratégica Orientada para Resultados (Sigeor), em relação a esse CPL.

O projeto Confecção de Moda Praia Cabo Frio, que consubstancia o CPL, previu como resultados finalísticos o aumento de 10% nas vendas até dezembro de 2006 e mais 10% até dezembro de 2007. Como relatado na pesquisa realizada pelo Sebrae (capítulo Pesquisa

Rua dos Biquinis), as vendas aumentaram no período denominado de T2 em 37,5%, mas em T1 não houve mensuração, impedindo uma avaliação mais objetiva.

O gráfico 10, nesse capítulo, demonstra uma estimativa de vendas (em mil reais) das empresas do CPL em T2, na alta e na baixa temporadas: na alta, queda de 2281 para 2207, ou seja, menos 3,24%; na baixa, aumento de 1279 para 1706, ou seja, 33,38%.

No período compreendido da pesquisa houve o lançamento da Cabo Frio Fashion Beach, em 2005. A feira foi concebida para a execução de desfiles diários, palestras, fórum de fornecedores e consultorias, entre outras atividades, além de espaços para a promoção das atividades turísticas da região e do artesanato local. Uma ação promocional de Marketing, destinada a obter publicidade na Mídia e atingir o *share of mind*, conforme demonstrada essa importância no início deste trabalho.

Em 2006, além da reedição dessa feira, o CPL participou do Fashion Rio (RJFW) Primavera/Verão e Outono/Inverno. No mesmo ano também esteve presente na Expolojas no Riocentro, Rio de Janeiro. A RJFW, junto com a São Paulo Fashion Week (SPFW), já alcança projeção internacional. A Expolojas, porém, "busca incentivar tanto o lojista local quanto o produtor do Estado do Rio, mostrando que o lojista pode comprar dentro do Estado", segundo as palavras do presidente da ACIRB de então, Sr. Marcelo Chuauri.

Em 2007 o CPL Moda Praia Cabo Frio, por intermédio da Acirb, voltou a participar do RJFW, assim como da terceira edição da Cabo Frio Fashion Beach e alguns de seus membros, particularmente os exportadores, realizaram desfiles exclusivos, atraindo "muitos convidados e jornalistas da moda para a cobertura do evento" (clipe em www.sigeor.sebrae.com.br). Segundo o presidente da Acirb, "o Marketing fez o Polo crescer, mas os maiores beneficiados foram os que não estavam diretamente envolvidos com o atacado", capítulo conversando com a ACIRB. O maior benefício, segundo ele, veio para a Rua dos Biquínis, onde está concentrado o varejo, a grande parcela da produção do aglomerado.

Isso é exatamente o que demonstra a pesquisa Rua dos Biquinis, no gráfico 14: em 2005, 62,2% não exportaram; em 2006 e 2007, o mesmo índice de 74,2% de não exportadores. Estes, os não exportadores, são os membros da Acirb, conforme o relatório de pesquisa Rua dos Biquínis – Cabo Frio, que revelou uma frequência de 100% de compradores varejistas.

Mas promoções como a de Feiras de Negócios, em Marketing, são usualmente voltadas para o mercado atacadista (Kotler, 2004).

Não houve e nem há previsão, no CPL Moda Praia Cabo Frio, de haver ações de marketing em propaganda e publicidade que resultem em uma mídia que estimule a presença do consumidor de varejo. E é a respeito desta falta de sintonia que o presidente da Acirb se refere quando declara que as ações de marketing beneficiaram os que não estavam envolvidos com o atacado, mas com o varejo.

Gostaríamos de relembrar o exposto no capítulo 2.1.1: Repetindo, a mídia tem, na contemporaneidade, o poder de instituir o que é, ou não, real, existente (Guareschi; Bizz, 2005). É por isso que o presidente da Acirb ressalta que "nós queríamos que o trabalho do CPL fosse em cima de divulgação do Polo, que o Polo crescesse, que a Rua (dos Biquínis) crescesse, que fosse um projeto direcionado pro nosso segmento", diz o Sr. Chuauri.

Na verdade, como o próprio Sr. Marcelo revela, foram efetuadas outras ações de mídia: "Quando a gente fala em mídia, a gente já teve avião na praia, ali no ponto do coletivo, programas de TV a cabo local, a gente já usou bastante". "Se você for fazer um projeto pra Cabo Frio [...], você vai fazer a minha rua. Então temos uma mídia indireta muito forte" (Conversando com a ACIRB).

O mesmo tipo de Mídia que se consegue a partir da proposta principal do Sigeor e que motivou a criação do Cabo Frio Fashion Beach, a Mídia indireta, gratuita, a publicidade. O próprio presidente da Acirb ressalta essa iniciativa ao declarar que "[...] o que eu gastei, o que eu ganhei de mídia naquela feira, no polo qualificado, nos jornais do Brasil, no jornal O Globo (RJ), Folha de São Paulo, tem valor".

Então, qual é e qual poderia ser o quadro de utilização da Mídia para impulsionar as vendas e proporcionar uma melhor sustentação comercial do CPL? Seria diferente do atual?

O presidente da Acirb nos revela que há um sentimento generalizado de que há uma necessidade de estar mais presente na Mídia e que essa presença seria positiva para o arranjo: "A questão é muito simples: todos acham que isso é fundamental para o crescimento, ninguém abre mão, acham que isso é necessário. Em qualquer reunião da Associação a reclamação é sempre que nós não temos mídia", segundo suas palavras. O problema, segundo ele, se resume ao custo da implementação das ações de Mídia.

Veremos, a seguir, a pesquisa da Rua dos Biquinis.

PARTE 6

PESQUISA RUA DOS BIQUÍNIS

Início

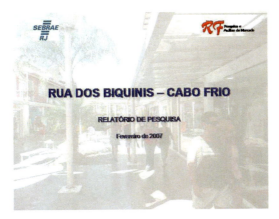

Fonte: Sebrae

Introdução

Fonte: Sebrae

INTRODUÇÃO

A Rua dos Biquínis é um centro comercial a céu aberto, situado em Cabo Frio, RJ, especializado na venda a varejo de artigos de praia, banho e esportes.

Os objetivos da presente pesquisa são:

a) Caracterização estatística do perfil dos clientes da Rua dos Biquínis.

b) Caracterização estatística das preferências e percepções dos clientes em relação ao composto mercadológico do centro comercial.

A pesquisa constou da aplicação de questionário desenvolvido em conjunto pela RF-Pesquisa e pelo SEBRAE a uma amostra de 400 clientes (pessoas que efetuaram compras no dia da entrevista) em 20, 21, 27 e 28 de dezembro de 2007 e 11, 12, 18 e 19 de janeiro de 2008 – 4 blocos de dias de maior movimento. A seleção foi feita pelos próprios entrevistadores, de forma a garantir, com boa aproximação, a mesma probabilidade de seleção a todos os clientes nos dias de realização da pesquisa.

Fonte: Sebrae

Característica

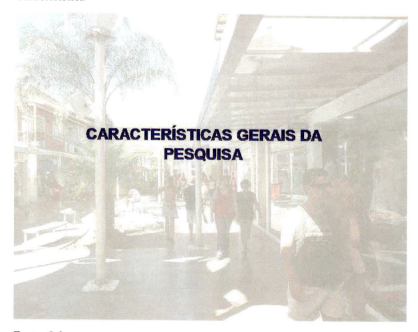

Fonte: Sebrae

CARACTERÍSTICAS GERAIS DA PESQUISA

Localização: Centro Comercial "Rua dos Biquínis", Cabo Frio, RJ

Entrevistas realizadas em: 20/21 dez 2007, 27/28 dez 2007, 11/12 jan 2008, 18/19 jan 2008 (pares quinta/ sexta feira e sexta feira/sábado)

Execução: RF PESQUISA/INSTITUTO GENESIS PUC-RIO

Realização: SEBRAE/RJ – Escritório Regional da Baixada Litorânea

Coordenação: SEBRAE/RJ – Área Estratégia e Diretrizes
Programa Estudos e Pesquisas

População alvo: Clientes do Centro Comercial
(Mais de 10.000 clientes nos dias das entrevistas)

Tamanho da amostra: 400 clientes (100 em cada par quinta/ sexta feira sexta feira-sábado)

Fonte: Sebrae

Descrição

Fonte: Sebrae

PLANEJAMENTO E ANDAMENTO NO CAMPO

Plano amostral Idade	Sexo Masculino	Feminino	Total	Sexo Masculino	Feminino	Total
18 a 25 anos	30	70	100	7,50%	17,50%	25,00%
26 a 40 anos	72	168	240	18,00%	42,00%	60,00%
mais de 40 anos	18	42	60	4,50%	10,50%	15,00%
Total	120	280	400	30,00%	70,00%	100,00%

Real Total Idade	Sexo Masculino	Feminino	Total	Sexo Masculino	Feminino	Total
18 a 25 anos	21	76	82	5,25%	19,00%	20,50%
26 a 40 anos	31	120	112	7,75%	30,00%	28,00%
mais de 40 anos	29	123	105	7,25%	30,75%	26,25%
Total	81	319	400	20,25%	79,75%	100,00%

O Plano Amostral foi determinado considerando percentuais de participação das combinações Sexo x Faixa Etária esperados.

Embora essa expectativa tenha orientado o estabelecimento inicial de quotas, a experiência acabou levando a uma seleção "puramente aleatória": os entrevistadores agiram de forma a atribuir aproximadamente a mesma probabilidade de seleção aos clientes do shopping, independentemente de sexo e faixa etária.

Fonte: Sebrae

Perfil

Fonte: Sebrae

Gráficos 1 a 14: Fonte Sebrae

Gráfico 1

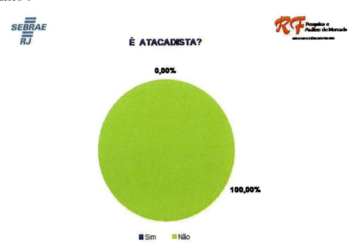

Gráfico 2

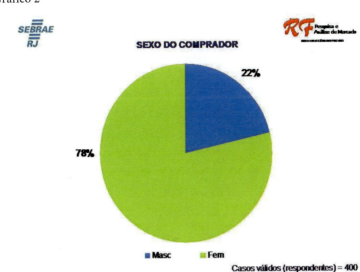

Gráfico 3

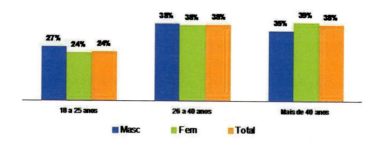

Casos válidos (respondentes) = 400

Gráfico 4

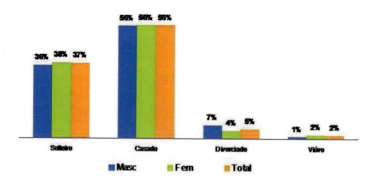

Casos válidos (respondentes) = 398

Gráfico 5

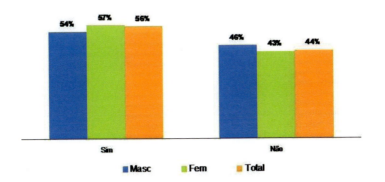

Casos válidos (respondentes) = 385

Gráfico 6

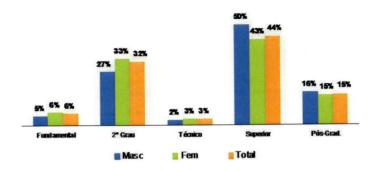

Casos válidos (respondentes) = 396

Gráfico 7

PROFISSÃO PRINCIPAL

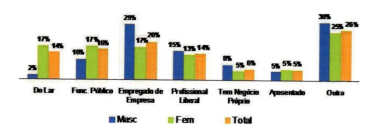

Casos válidos (respondentes) = 398

Gráfico 8

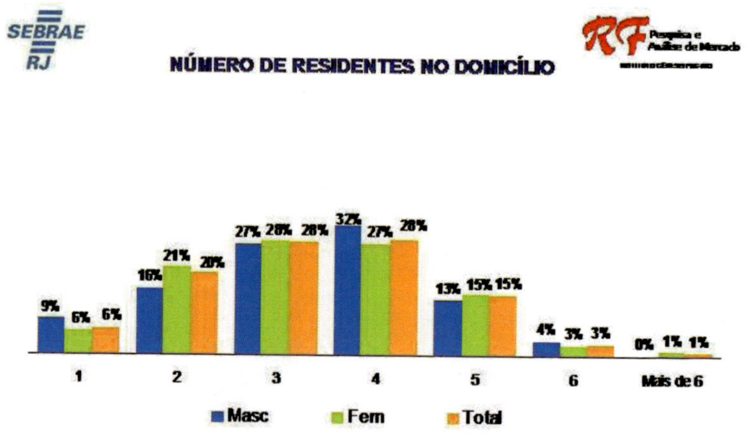

NÚMERO DE RESIDENTES NO DOMICÍLIO

Média	Desvio
3,37	1,27

Casos válidos (respondentes) = 389

Gráfico 9

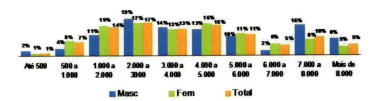

Gráfico 10

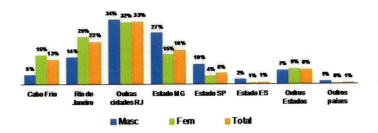

Gráfico 11

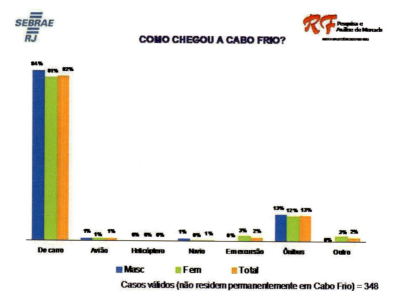

Gráfico 12

Gráfico 13

  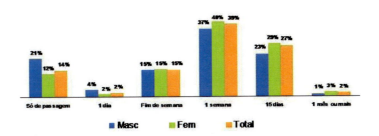

Casos válidos (não residem permanentemente em Cabo Frio) = 344

Gráfico 14

  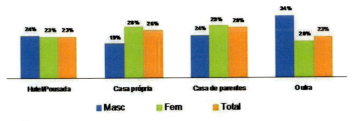

Casos válidos (não estão só de passagem por Cabo Frio) = 338

Hábitos

Fonte: Sebrae

Gráficos 15 a 29: Fonte: Sebrae

Gráfico 15

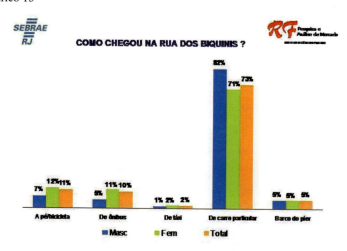

Gráfico 16

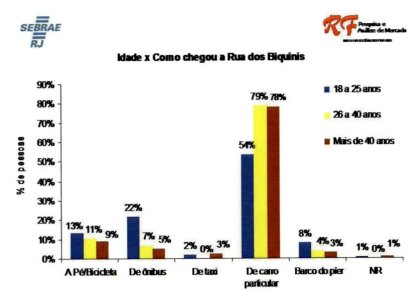

Gráfico 17

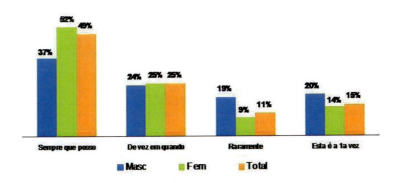

Gráfico 18

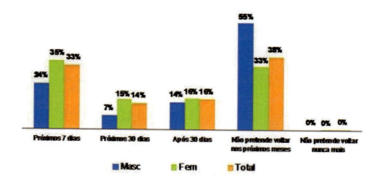

Gráfico 19

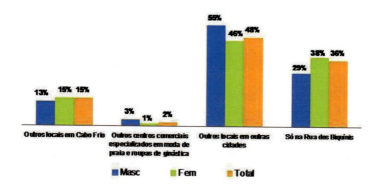

Gráfico 20

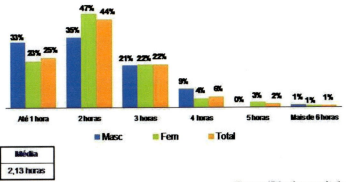

Gráfico 21

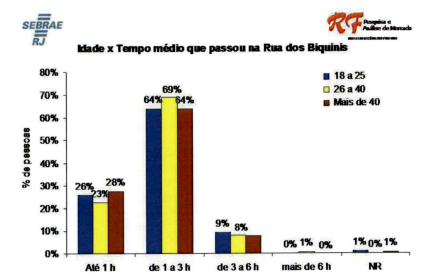

Gráfico 22

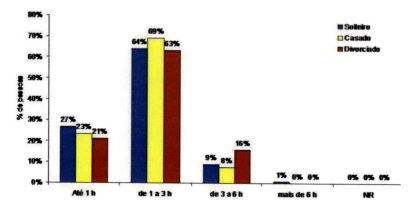

Gráfico 23

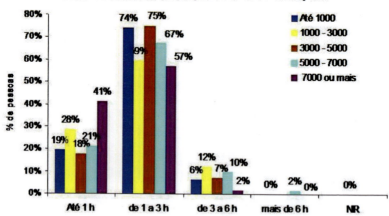

Gráfico 24

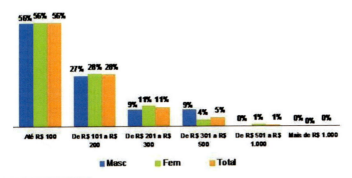

Gráfico 25

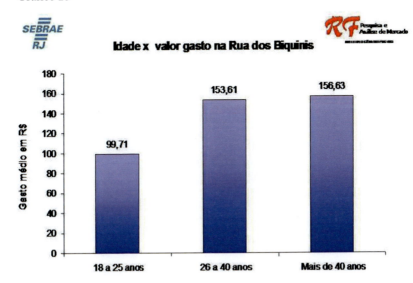

Gráfico 26

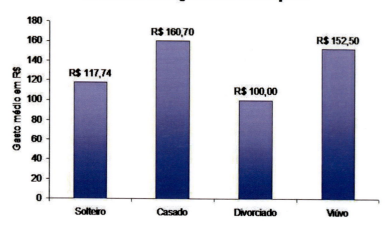

Gráfico 27

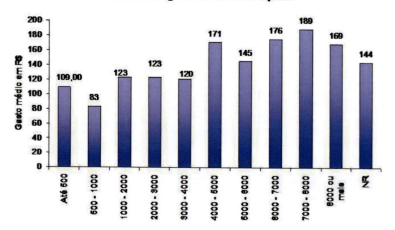

Gráfico 28

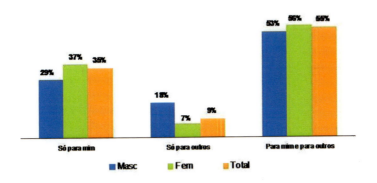

Gráfico 29

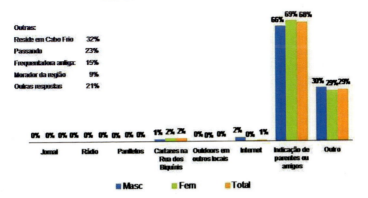

Fatores

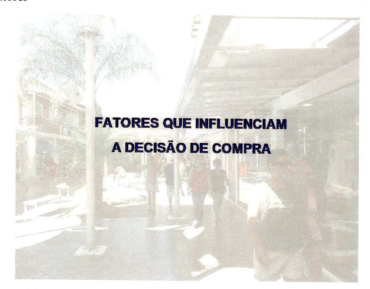

Fonte: Sebrae

Fatores

 FATORES QUE INFLUENCIAM A DECISÃO DE COMPRA: IMPORTÂNCIA E GRAU DE SATISFAÇÃO

	Casos	% indic.	% Mbom	% Bom	% Regular	% Ruim	% Mruim
Preços	267	22,25%	55,23%	43,60%	1,16%	0,00%	0,00%
Qualidade dos produtos	211	17,58%	45,50%	48,34%	6,16%	0,00%	0,00%
Variedade de tamanhos, modelos e estampas	191	15,92%	56,38%	42,28%	1,34%	0,00%	0,00%
Especialização em artigos de praia e roupas de ginástica	172	14,33%	38,10%	42,86%	19,05%	0,00%	0,00%
Lugar agradável	149	12,42%	61,78%	30,89%	6,81%	0,52%	0,00%
Qualidade do Atendimento	99	8,25%	39,39%	37,37%	22,22%	0,00%	1,01%
Promoções	53	4,42%	43,75%	37,50%	12,50%	6,25%	0,00%
Lojas confortáveis	42	3,50%	28,46%	43,82%	26,59%	1,12%	0,00%
Marca da loja	16	1,33%	22,64%	41,51%	24,53%	11,32%	0,00%
Total válidos	1200	100,00%					

Os percentuais de indicações foram obtidos dividindo o número de citações de cada fator por 1200, que é o número de indicações possíveis.

Fonte: Sebrae

Decisão de compra

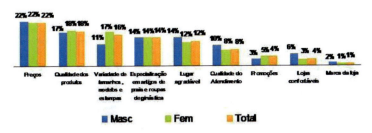

Fonte: Sebrae

Satisfação

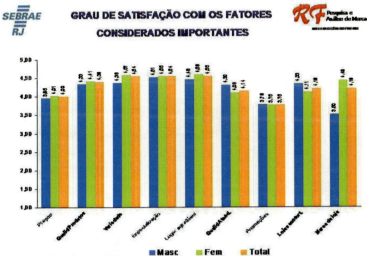

Fonte: Sebrae

Comparação

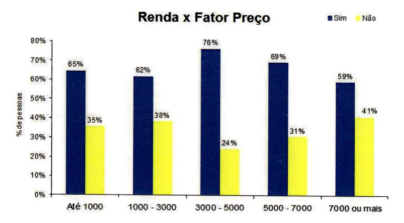

Fonte: Sebrae

Qualidade

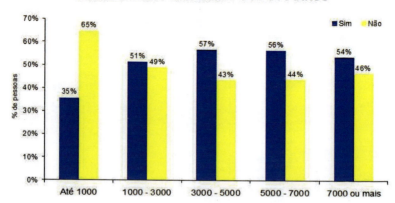

Fonte: Sebrae

Variedade

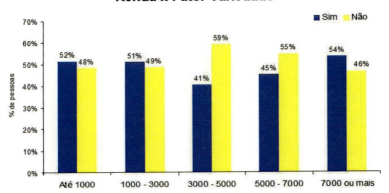

Fonte: Sebrae

Especialização

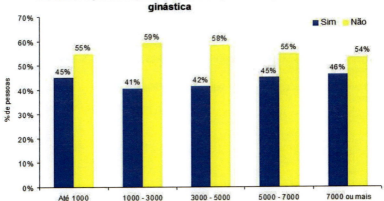

Fonte: Sebrae

Conclusão

Fonte: Sebrae

 CONCLUSÕES

Em relação ao andamento da pesquisa

Para os turistas e visitantes de Cabo Frio, durante o período de alta temporada, a Rua dos Biquínis é sem dúvida uma atração, que contribui para o comércio local, principalmente após 16h.

Não existe uma padronização no horário de funcionamento das lojas - cada proprietário define o seu melhor horário de funcionamento.

O questionário aplicado foi de fácil entendimento, e clientes participaram de bom grado das entrevistas.

CONCLUSÕES

Em relação aos resultados da pesquisa

A maioria dos clientes é do sexo feminino, acima de 26 anos de idade.

O conhecimento da Rua dos Biquínis ocorre basicamente por indicação de parentes e amigos.

Os principais fatores para a decisão de compra são preço, qualidade dos produtos e variedade de tamanhos, modelos e estampas. Estes fatores têm avaliação "muito boa" ou "boa".

Qualidade de atendimento e promoções influenciam pouco a decisão de compra, e têm baixo percentual de avaliação como "muito boa".

Durante o período da pesquisa a presença de atacadistas respondentes foi nula.

A maioria dos clientes é de muito boa escolaridade e com uma renda média em torno de R$ 4.000,00

A frequência de respondentes do sexo masculino, aumentou na última semana da pesquisa, talvez motivada pelo evento do Cabo Folia na cidade de Cabo Frio.

Além do Estado do Rio de Janeiro, o de Minas é o que fornece a maior quantidade de clientes.

CONCLUSÕES

Em relação aos resultados da pesquisa

A maioria dos clientes permanece na cidade num período de 1 semana a 15 dias.

Os clientes dispendem em média cerca de 2 horas na Rua dos Biquínis.

A indicação de parentes e amigos é o maior fator de propaganda do local.

O gasto médio das compras dos clientes gira em torno de R$ 140,00.

Fim da pesquisa

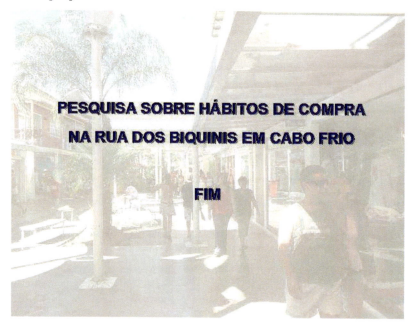

Fonte: Sebrae

PARTE 7

CONVERSANDO COM A ACIRB

Entrevista concedida pelo Sr. Marcelo Chuauri, presidente da Associação Comercial e Industrial da Rua dos Biquínis – Acirb, a Waldemar Madeira Magnavita Filho, como parte da Dissertação de Mestrado "A presença da mídia na sustentabilidade dos Arranjos Produtivos Locais (APLs): um estudo de caso no APL de Moda Praia de Cabo Frio/RJ", no dia 28 de agosto de 2008, nas dependências de sua loja, AcquaBrasil, à rua dos biquínis, Cabo Frio, RJ.

Waldemar — Uma fragilidade que reparei na Metodologia de Desenvolvimento dos Arranjos Produtivos Locais (Projeto PROMOS/Sebrae/BID, 2004) é a inexistência, ou apenas uma recomendação de que se devam realizar ações de marketing. Mas uma recomendação, não significa dar esse suporte de marketing às empresas que fazem parte do APL. A questão é que esse plano tem de estar integrado ao projeto desde o início, com as ações bem definidas e com acompanhamento do retorno em termos de vendas, e com propostas de utilização de mídias que sejam compatíveis com a receita do arranjo.

Marcelo — Waldemar, essa é a nossa grande briga desde o início. Porque nós temos características naturais e eles queriam inverter, sem um plano de pesquisa, sem uma base, todo o nosso processo. Porque eles achavam melhor em virtude da cabeça de 2 ou 3 que não conhecem a realidade local. Então eles tentaram jogar. Enquanto nós queríamos que o trabalho do APL fosse em cima de divulgação do Polo, que o Polo crescesse, que a Rua (dos Biquínis) crescesse, que fosse um projeto direcionado para o nosso segmento. Eles queriam fazer venda externa (exportação). Queriam que nos tornássemos um polo atacadista.

W. — Saindo do seu público-alvo...

M. — É isso aqui (mostrando a pesquisa, Apêndice 1). Essa pesquisa foi feita em fevereiro de 2007. De quando é o início do projeto? Eu entro no meio, jogando o projeto no chão. A gente (Acirb) entra num momento em que a gente não aguenta mais a pressão de que está todo mundo exportando, de que Cabo Frio é exportador. Eu passava na rua e me diziam: "Ô, Marcelo. Vocês estão exportando muito". E eu dizia, gente, isso não existe". Tinha cinco ou seis empresas pra legitimar esse discurso. Tinha esse discurso e direcionaram o totalmente o Polo. E o que você vai fazer? Nós entramos nesse processo e destruímos essa história. Acabou o consórcio Pau-Brasil que nunca tinha feito uma exportação, mas era o representante da Moda Praia de Cabo Frio. Era um consórcio que o Sebrae fez, chamado consórcio Pau-Brasil, pra legitimar o discurso do Sebrae... e que eles exportavam milhões, quando nunca fizeram uma exportação. Mas esse consórcio ia pra mídia e falavam. Na verdade, quando eles faziam um contrato de exportação, os caras chegavam e falavam: "- Mas vocês são empresas familiares e eu faço cem mil peças". "- Não, não, a gente divide em 200 empresas". "- Não, vocês não estão entendendo: é o padrão de qualidade. Como é que vocês estão buscando o mercado?" Nós, aqui, temos um polo de micro empresas, formado por empresas familiares. A nossa grande característica do Polo, que é linda, é a diversidade de produtos dentro do mesmo segmento. Você vai encontrar biquínis diferenciados em cento e setenta lojas. Então, é a coisa mais linda pra você vender.

W. — Você precisaria de um suporte de comunicação para orientar...

M. — Presta atenção nisso aqui (mostrando um gráfico da pesquisa, Apêndice 1): nós não temos atacadistas. Você entendeu? Nós não estamos falamos de 1% ou 2% e vamos aumentar essa fatia. E essa pesquisa é do Sebrae e eles tratam a gente como Polo atacadista até hoje! Se você for lá e sentar, eles vão te tratar como se fosse atacadista! Nós somos um Polo varejista, de varejo! Fazemos uma venda de atacado que não são vendas de atacado. São vendas de balcão. São vendas que fazemos para pequenos comerciantes que vêm de vários lugares. Não temos uma empresa no Polo que venda pra um magazine.

W. — Vocês fizeram alguma campanha publicitária, de algum nível, em torno da Associação?

M. — Não. O quê que acontece? É uma coisa complicada e você vai entender. A gente passou de um segmento... quando eu falo Polo, eu falo da Rua dos Biquínis. A gente saiu do segmento de rua comercial para polo turístico. Nós somos o quê? Nós somos um atrativo turístico dentro da nossa cidade. Então, hoje, quando você for falar de Cabo Frio, quando Cabo Frio for fazer sua mídia institucional, você tem que utilizar a Rua dos Biquínis. Se você for fazer um projeto para Cabo Frio, vamos fazer uma revista sobre o que fazer em Cabo Frio, você vai fazer a Rua dos Biquinis. Então, temos uma mídia indireta (publicidade) muito forte.

W. — É uma publicidade boa?

M. — É uma publicidade boa. Então, o que a gente fez para fortalecer a Associação? Foi começar a exigir mais em cima disso. Então, o custo do empresário em cima disso é mínimo. Quando o empresário vai fazer alguma ação de marketing, é individual. Ele não precisa fazer ação de marketing, nem do Pólo, e nem da Rua porque a gente cobra isso do próprio poder público, e dos parceiros.

W. — Qual o sentimento dos empresários para se fazer uma campanha publicitária para a Rua dos Biquinis? O que inviabilizaria?

M. — O financeiro. Custo. A questão é muito simples: todos acham que isso é fundamental para o crescimento, ninguém abre mão, acham que isso é necessário. Em qualquer reunião da Associação (Acirb) a reclamação é sempre que nós não temos mídia. Mas quando a gente fala em custo ninguém participa.

W. — O custo de realizar uma campanha tem sido passado através de uma empresa tradicional de publicidade? Já foi pensado que existem alternativas de se gerar esta mídia pela própria Associação (Acirb), pelo próprio APL?

M. — Deixa eu perguntar uma coisa para você me explicar. Qual seria o meu objetivo de fazer uma mídia para o Polo se eu não pertenço ao Polo, não sou atacadista?

W. — Pra se atingir o varejo?

M. — Bom, mas, aí, eu teria de fazer uma campanha regional.

W. — Pode ser regional e direcionada para determinados públicos. Sacoleiros, por exemplo?

M. — Mas, aí, estamos falando de atacado e esse mercado nós não atingimos. Porque hoje nós não temos mais preço para isso. Nós atingimos uma qualificação da peça que ela ficou um pouco cara, em relação ao que foi no passado, para polos atacadistas. Tem gente aqui na Rua que compra pra revender. O que eu quero dizer é o seguinte: empresas que não estão no nosso polo, mas que estão na região, fazem parte do Polo, não é? Porque a APL abrange todo mundo. Empresas voltadas para o atacado, essas empresas têm de se reunir em grupo e fazer uma mídia direcionada. Meu Polo, não. Porque eu sou um polo varejista. Se eu fosse um polo igual a Friburgo, aí, sim, eu tinha de fazer mídia a nível Brasil, para atrair gente para fazer compra de atacado, sacoleiros...

W. — Meu questionamento é que hoje temos um avanço na tecnologia que permite uma contenção de custos no uso de mensagens publicitárias, no uso da mídia, muito grande. Podendo, até mesmo, serem criadas mídias locais ou regionais, independente da mídia tradicional que você usa a um custo muito elevado. E, talvez, esse tipo de informação não chegue ao próprio arranjo porque a governança não passa isso e não desenvolve estudos para dotar o arranjo dessa coisa que minimizaria isso aí. Isso pode começar localmente e, depois de conquistado o local, pode se estender mais um pouquinho. A minha posição é exatamente esta: existe ou não existe? Se existe, qual foi o resultado? Se não existe, por que não existe? Nenhuma atitude foi tomada neste sentido ou as atitudes tomadas eram modelos tradicionais de grandes grupos, de grandes empresas, e não desenvolvidas especificamente para um arranjo local que ainda é pequeno, ainda está se desenvolvendo? Está faltando essa informação por parte da governança, que não passa essa proposta de desenvolvimento de uma ação de mídia coerente com a característica do polo e adequada a seu público?

M. — Exato. Por quê? Geralmente as pessoas, quando fazem projetos, trazem projetos que não vêem a regionalidade, porque nós temos características regionais que não são iguais a nenhum lugar. Então, isso é muito difícil de você conversar no dia a dia. A gente, hoje, tem como grande objetivo aqui na Rua (dos Biquinis)... e eu falo na Rua porque eu confundo muito as duas coisas e isso foi bastante difícil de fazer entender que a Rua não é dos empresários, é a associação da Rua dos Biquínis e não dos empresários da Rua dos Biquínis, que ajuda se ela estiver precisando de alguma coisa...

W. — É uma espécie de governança?

M. — É uma governança. Por isso que a parte dela, de mídia, ela faz sozinha, porque ela é um polo, faz acordo com a Prefeitura... ontem mesmo nós estávamos na mídia, ontem tivemos uma matéria na InterTV. E a matéria na InterTV vai sempre no RJ Rio, não vai mais... mas eles estiveram ontem aqui para falar de – e a gente tem uma mídia boa -, para falar do desemprego nessa época do ano. Eu dou entrevista e, quando eu dou entrevista, eu falo só da Rua. Não existe Marcelo, não existe AcquaBrasil, não existe nada, só a Rua (dos Biquinis). Aí, você aproveita esse espaço e joga isso. Joga a Rua pra cima, joga ela para baixo, reclama. Quando é para gente reclamar do governo a gente chama alguém. Um institucional da Prefeitura não tem como não passar a gente. Agora, a questão do empresário fica difícil, muito difícil, é uma coisa inacreditável. Porque nós temos uma coisa que nos beneficia e, ao mesmo tempo, nos prejudica: nós temos o alto verão, que é um acomodador natural das coisas.

W. — A sazonalidade é grande?

M. — É grande. Mas o verão nos dá um retorno para ficar muito tranquilo o ano inteiro. Então a gente fica, discute nessa época, mas a gente, na realidade, está é olhando o calendário: falta só mais sete dias, falta só oito dias, o feriado vai chegar. Porque a gente consegue tirar a subsistência no verão. Não estamos falando de empresários. Estamos falando de empreendedores que foram obrigados a dar segmento pela falta de emprego. Não tem um empresário que tenha formação, inclusive eu. Eu trabalhava numa coisa, fui parando, parando, de repente, estava aqui. Minha mulher começou com essa coisa de biquínis. A gente não tem formação empresarial nenhuma. Um sabe mais do que o outro por uma pequena visão, um *feeling* numa situação, mas sem formação. Qual a mecânica do dinheiro? É: se eu gasto um, eu tenho de ganhar dois. Se eu gastar um e não ver esses dois voltar... é o caso da Feira (Cabo Frio Fashion Beach): tem empresário que continua achando que a Feira não foi um sucesso. O grande mensurador que ele tem disso, para ele, é o que ele vendeu na Feira. E não é.

W. — É o que ele consegue de contratos?

M. — No meu caso, mídia. O que eu gastei, o que eu ganhei de mídia indireta naquela feira, no Polo qualificado, nos jornais do Brasil, no jornal o Globo, Folha de São Paulo, tem valor. Qual foi o meu mensurador? Minhas vendas na loja? Poderia ser, mas, aí, seria individual. Eu, como Associação, qual foi o meu mensurador, que desde que começou o APL até hoje, que nós tivemos de ganhos? O índice de rotatividade de empresas que abriram e fecharam no período: caiu sensivelmente. Eu tinha de ter um mensurador. Então, praticamente, a rotatividade da Rua dos Biquínis, desde que nós começamos o Polo, em termos de APL e qualificação local, é praticamente zero. Nós temos um Pólo que não tem ninguém devendo e uma fila de gente para entrar. Isso é tão visual para a gente no dia a dia!

W. — Eu discuto a mortalidade de empresas que, em dois anos, no Brasil, chega a 50% (Tabela 1). A coisa é muito alta em nosso país. Com isso não há realmente crescimento. Você não pode crescer tendo que partir sempre do zero, a coisa nunca cresce...

M. — Exatamente.

W. — Você conhece a região da Saara, no Rio de janeiro?

M. — Conheço.

W. — Eles têm uma mídia que é uma rádio...

M. — A gente já tentou colocar aqui, mas foi difícil.

W. — Pois é...

M. — Estava tentando fazer uma programação numa TV a cabo, só da Rua (dos Biquinis).

W. — Existem alternativas. São ações de mídia que você vai ter e que não representam grandes custos frente a uma campanha publicitária tradicional.

Imagem 6 – Mídia em ação

Fonte: o autor. Estúdio da Rádio Saara, RJ

M. — É?

W. — É. A questão é justamente essa: se há esse conhecimento e se isso já foi utilizado em algum lugar?

M. — Já foi. Quando a gente fala em mídia, a gente já teve avião na praia, ali no ponto do coletivo, programas de TV a cabo local, a gente já usou bastante. O que eu posso te falar é o seguinte: ninguém quer sair e tem cem para entrar. E se você for perguntar para qualquer dono de loja, vai te dizer: " - Nossa, tem dez na fila". Você não vai encontrar uma loja fechada na Rua (dos Biquinis). Não vai encontrar uma loja passando (passando o ponto). Isso é um mensurador.

W. — Você tem um índice?

M. — Só se eu te maquiar. O que eu posso dizer é o seguinte: a divulgação aqui no Polo nos fortaleceu muito. Agora, ela não trouxe resultado prático nenhum porque há um processo mentiroso inicial. Por que a gente tem, hoje, um empresário menos participativo no Conselho? Porque foi dito, desde o primeiro momento, que as empresas teriam dinheiro para isso, dinheiro para aquilo, e o empresário não teria de participar (entrar com recursos financeiros).

W. — E os dados sobre faturamento?

M. — Isso é a importância da mídia. Porque essas informações quem tem que passar não sou eu e, sim, através dos formadores de opinião. Então nós investimos muito mais no formador de opinião de que propriamente no Polo e no crescimento. Então, para mim, foi maravilhoso porque nosso polo cresceu. Nossa Rua (dos Biquinis) se fortaleceu.

W. — Esse tipo de atitude pode ser um tipo de atitude dentro de um Plano de Marketing?

M. — Plano de Marketing sim, mas não da criação de um APL para captação de recursos (Fundos). O golpe não foi em cima da gente, teoricamente. O golpe foi em cima da própria instituição que liberou os recursos.

W. — O olhar deste Plano de Marketing seria dar apoio mercadológico às ações do APL?

M. — Exatamente.

W. — Ou seja, atrair clientela, atrair movimentação com base em vendas?

M. — Sim, mas isso é exatamente o que é complicado. O que precisamos de auxílio.

CONCLUSÃO

A par de todo o processo mercadológico, a tecnologia da informação tem contribuído para alterar profundamente o comportamento e o papel da mídia, descortinando novas possibilidades e potencialidades. Mas, apesar de toda a sofisticação que possa existir, é importante a inserção nos projetos das técnicas de comunicação e o uso da mídia, de forma capaz de responder às necessidades de aglomerados de empresas e suas comunidades locais de desenvolvimento e geração de riqueza, atendendo de forma consistente a essa demanda e de acordo com a capacidade de aplicação por seus membros.

Foi verificado, porém, que a Mídia é dominada por grandes oligopólios que monopolizam seu uso, encarecendo e determinando seus conteúdos na sociedade. Além da seleção das informações, analisado neste trabalho, existe a homogeneização e a banalização das informações. Podemos observar os noticiários diários e, sem medo de generalizar, veremos que a maior parte será repetitiva e sem conexão e representação com a realidade daquela sociedade específica. Ou seja, o público recebe informações curtas, em fragmentos, sem contextualização ou fio condutor.

Temos de enfocar, também, o que é realmente informação. A simples transmissão de conteúdos não significa, necessariamente, transmissão de informações. Informação é tudo aquilo que é capaz de provocar mudanças internas, capaz de se incorporar à nossa formação. Pode ser positiva ou negativa, mas o que é determinante é que se esse processo não ocorrer, então o conteúdo é dispensável e não passa de um dado sem importância. É descartável, é lixo, conforme está no capítulo 1.

Os conteúdos comunicacionais consentidos visam à disseminação de uma ideologia dominante. Como vimos com Chomsky, essa transmissão ideológica é subliminar e visa o convencimento daqueles que vão representar essa ideologia: os próprios trabalhadores.

É dentro desse modelo que são estruturados os projetos de arranjos produtivos. Visa construir um modelo de produção por adesão de interesse e suporte de *know-how* externo, no qual os principais atores, os trabalhadores comunitários, são convidados, mais uma vez, à execução do projeto, sem levar em consideração a extrema necessidade de garantia de resultados. E o resultado pretendido não é somente a produção em si, mas também a receita gerada por todo o esforço.

Temos de buscar saídas e não aceitarmos os modelos conformistas gerados pelas próprias elites. Da necessidade nasce a alternativa. Uma delas, a apontada neste trabalho, é a fundação de veículos alternativos de comunicação pelas próprias comunidades. O barateamento das tecnologias de comunicação possibilita, hoje, que sejam realizados esforços nesse sentido. Talvez seja necessário a geração e o gerenciamento dos conteúdos comunicacionais, além da midiatização desses conteúdos pelos próprios atores dos arranjos produtivos. E cabe exatamente àqueles que tem por função a governança do arranjo, providenciar as atividades necessárias à elaboração de um plano de ações de mídia. Pelo papel que hoje representa de sustentação e de legitimação, a Mídia se apresenta como o principal instrumento de dinamização e atua na globalização de maneira presente e essencial. Os mercados estão cada vez mais complexos e seletivos. O mundo se divide entre os geradores de riqueza e os dependentes dela. E a informação é a chave capaz de separar uns dos outros.

Uma sociedade é um processo dinâmico e um grupo social não é diferente. É vivo e está em contínuo processo de ebulição. Suas ideias, projetos, iniciativas e desejos procuram canais de expressão para fazer frente aos inevitáveis enfrentamentos, conflitos e negociações. O fato de se ter seu próprio canal de mídia também tem sua ação voltada para dentro da própria comunidade produtiva. Ela canaliza essas necessidades, dando voz a seus membros e possibilitando o debate e o pensar crítico.

Isso é capaz de fazer diferença! Isso é capaz de promover mudanças!

Sabemos das dificuldades de êxito de um arranjo produtivo. Todos os passos, desde o planejamento, devem ser constantemente acompanhados com atenção para o cumprimento das metas e o surgimento dos frutos esperados. Um arranjo é formado por pessoas, grupos, com histórias e conhecimentos adquiridos ao longo de uma prática produtiva que levou à instalação do arranjo. Na estrutura produtiva mundial, no entanto, não basta a reprodução de processos produtivos. É preciso a existência de inovação para a disputa de mercados cada vez mais globalizados. É preciso, também, que haja divulgação com todas as técnicas de comunicação, do noticiário ao marketing de guerrilha, e que essa divulgação seja gerada e midiatizada pela própria comunidade para escapar aos custos e ao cerco promovido pelos grupos de Mídia que representam os grandes capitais econômicos.

Não podemos pensar que apenas as leis da economia e do Estado, da técnica e da ciência, como cita Habermas (2002), serão capazes de promover um desenvolvimento suficiente para os atores de um arranjo produtivo. Esse sistema é apenas pretensamente imune a influências. Na verdade, sofre influências de todos os níveis. Desde os motivacionais de seus atores até as geradas pela competitividade dos mercados. Não há garantias absolutas, mas há instrumentos capazes de dinamizar os efeitos pretendidos.

No capítulo 2, analisando Lastres *et al.* (2003), temos a declaração que o principal obstáculo, no caso de países em desenvolvimento como o Brasil, é a visão reducionista de que a única maneira de transformar aglomerações em arranjos e sistemas locais dinâmicos é a partir de exportações e da integração em cadeias globais.

Ao estudarmos o CPL Moda Praia de Cabo Frio, encontramos uma situação evidenciada pelas pesquisas do consumidor da Rua dos Biquínis e do desempenho produtivo e comercial, associadas à entrevista com o presidente da Associação da Rua dos Biquínis que corrobora exatamente essa visão.

Este livro destaca exatamente o papel da Mídia e demonstrou, em um estudo empírico, de que maneira podem ser observados seus efeitos devido à ausência ou presença da ação da Mídia. É importante, também, por apresentar um modelo de utilização da Mídia, de modo a conseguir seu melhor efeito: mediante a participação dos próprios membros do arranjo na geração e no gerenciamento de seus próprios conteúdos comunicacionais.

Pelo exposto, a CPL Moda Praia de Cabo Frio é um projeto com resultados positivos em relação à estruturação e organização de seus processos produtivos. Mas, como ressalta o presidente da Acirb, carece de incentivos de comercialização para os produtos. A saída para exportação não favorece pela inadequação da capacidade de produção instalada, estruturas familiares segundo o presidente, e pelo não conformismo da padronização de controles de qualidade que inibem a criatividade como meio de inovação de seus produtos. Outro fator determinante é o fato de já haver consolidado seu mercado junto a um público varejista.

Como resposta às questões levantadas neste estudo, propomos investir no Marketing e na Comunicação para atração de mais consumidores e comercialização dos produtos para fora do CPL. A dependência da sazonalidade, também conhecida como demanda irregular e ressaltada pelo presidente da Acirb, pode ser vencida por meio de eventos locais em conjunto com a municipalidade e da criação de um diferencial na comunicação com seu público, utilizando a Internet e uma rádio local. O segredo é desfocar a relação produto-época e apontar para promoções ligadas a oportunidade e desembolso. Nesse sentido, o uso da Internet seria um grande diferencial por esta apresentar características exatamente na direção do que o arranjo necessita: maior eficácia por proporcionar direcionamento, interatividade e customização, como ressaltam Sheth et al. (2002).

Como visto no capítulo 2, as ações de Mídia têm de se submeter à estrutura das grandes corporações, que trazem em seu bojo a concepção de uma comunicação de massa e da montagem de uma estrutura organizacional que encarecem substancialmente essas ações. Esse fato, por si só, já exclui o pequeno anunciante e, no caso de um arranjo de produção local, inviabiliza a sua participação.

De acordo com o levantamento realizado, o CPL apresenta sinais evidentes de organização e de iniciativas para a melhoria de seus membros, em relação à faturamento e em relação à geração de trabalho e renda. É de se notar o esforço empreendido por empresários, trabalhadores e pelo Sebrae, para dotar o CPL de mecanismos de melhorem a produção apresentando inovação em suas linhas, aproveitando um conhecimento (*know how*) acumulado que veio se agregando ao longo dos anos e criando uma especialização produtiva no local.

Nesse sentido, o local verdadeiramente se configura com características que permitem a organização e instalação de um arranjo produtivo local, de acordo com as definições apresentadas no capítulo 1. A insipiência, porém, aponta, ainda, a organização como um modelo de Configuração Produtiva Local (CPL), conforme Lastres *et al.* (2003). A forma apontada neste trabalho para potencializar um crescimento melhor do CPL, levando-o a atingir o grau e a organização de um APL, é a instituição de uma maior participação na Mídia, para expandir o raio de ação da propaganda local e incrementar o poder de persuasão junto ao seu público-alvo. Essa participação deve ser resultado de um Plano de Marketing bem elaborado, levando em consideração as pesquisas realizadas, o conhecimento técnico do assunto e o desenvolvimento da tecnologia que permite um barateamento dos custos de geração e controle de processos comunicacionais.

Existe espaço para melhorar o nível de especialização, favorecer as parcerias entre as empresas, qualificar mão de obra e implantar dispositivos de apoio, como a geração de conteúdos midiáticos, por exemplo. Quando nos referimos a conteúdos midiáticos, estamos nos referindo ao uso das ferramentas de comunicação social e de marketing para incrementar os objetivos mercadológicos.

O principal problema é a informalidade que limita o poder de barganha e pressão do aglomerado e impede um controle de arrecadação que possibilite o planejamento do investimento em atividades impulsionadoras, como a formação da mão de obra e da mídia, por exemplo. Um planejamento de marketing poderia, entre outras ações, incrementar a divulgação e a distribuição dos produtos locais em outros centros consumidores.

No CPL em questão, a Acirb, reunindo a maioria das empresas e junto com o Sebrae, entende essa necessidade e procura estar presente na Mídia de todas as maneiras possíveis às suas oportunidades: "ontem mesmo estávamos na mídia, ontem mesmo nós estávamos na InterTV" (Conversando com a ACIRB). Só que esse tipo de mídia não é suficiente quando se trata de disputar mercado e atrair mais compradores para seus produtos. É necessária a produção de propaganda dirigida ao público-alvo desse CPL.

Isso poderia ser feito trabalhando de duas maneiras complementares. A primeira é a utilização do próprio local onde está localizada a Rua dos Biquinis. Essa rua compõe mais de 70% das empresas do CPL e é a origem da fonte de receita do CPL. Como vimos nas imagens do local (imagens 1 a 5), e de acordo com o perfil do público consumidor dos produtos do CPL, composto de varejistas, a Rua dos Biquinis pode ser usada para a instalação de uma mídia radiofônica com uma programação onde poderiam ser inseridas as propagandas e promoções dos vendedores. De fato, essas promoções são comunicadas ao público utilizando como mídia as próprias vitrines das lojas. Trata-se de implantar uma mídia de maior impacto e amplitude, envolvendo e incentivando o público presente. Junto com essa mídia, a intensificação do uso de mídia alternativa, como já intuído e utilizado precariamente antes (Conversando com a ACIRB), fazem um plano de impacto de público que pode ir além das fronteiras locais, atingindo outras regiões. A Pesquisa da Rua dos Biquinis revela a presença de compradores vindos da capital e de outros estados da federação.

Esse modelo de mídia foi implantado foi utilizado com sucesso na cidade do Rio de Janeiro, no local conhecido como Sociedade dos Amigos e Adjacências da Rua da Alfândega (Saara). A rádio existe para atender aos próprios comerciantes e ao público, segundo o *site* da Sociedade dos Amigos Ouvintes da Rádio MEC. "Muitos responsabilizam a rádio pelo sucesso de vendas de seus estabelecimentos", (www.soarmec.com.br/radiosaara). Existe um pacote em que a equipe da rádio cria o texto, grava o spot e veicula a chamada, de cerca de um minuto, durante o dia.

Além da função comercial explícita da rádio, o que justificou sua criação, existe um serviço de utilidade pública, que é um benefício prestado aos clientes e transeuntes da Saara: anuncia crianças perdidas e documentos, campanhas de vacinação e data para declaração de imposto de renda. Ou seja, alia a função de excelência da mídia rádio, de informação e serviços, à função precípua de propaganda.

Tal iniciativa forneceria um diferencial competitivo, agregando valor às compras do público definido pelo perfil da pesquisa. Em termos de custos para implantação é bastante razoável, quando o que se precisa é de um computador, um programa de tratamento e edição de som, uma mesa simples de controle de som, algumas caixas e muitos metros de fio. A equipe pode ser treinada por convênio com uma Universidade e supervisionada por um projeto que estude esse tipo de comunicação para um aglomerado de empresas.

Quando indagado a respeito do conhecimento de tal iniciativa, o presidente da Acirb declarou conhecer, mas não se aprofundou, demonstrando, na verdade, ter pouca informação a respeito da operacionalidade dessa opção de mídia.

A outra atitude é a utilização do meio Internet com mais intensidade do que o realizado até o momento. A publicidade digital é a área que mais cresce movida pelo desenvolvimento da tecnologia da informação (TI) — capítulo 1 — e pela convergência de Mídia conforme exposto anteriormente nesse mesmo capítulo.

A utilização da Internet como Mídia publicitária vem se expandindo na mesma medida em que cresce sua participação como meio de informação e entretenimento para o público. A verba publicitária destinada à internet cresceu 45% no primeiro semestre de 2008, atingiu R$ 321 milhões e ultrapassou pela primeira vez a TV por assinatura, segundo dados do projeto Inter-Meios (www.marketingdigital.com.br).

O público consumidor do CPL Moda Praia Cabo Frio pode ser definido como o público usuário de internet na pesquisa. Esse segmento tem crescido e já representa uma boa parcela da verba publicitária no país. Segundo o Interactive Advertising Bureau (IAB Brasil), ela hoje representa 3,36% dessa verba, superando a TV por assinatura (3,26%).

O Brasil chegou em junho à marca de 10,04 milhões de conexões em banda larga, levando em consideração as tecnologias fixa e móvel, uma alta de 48% em relação ao mesmo período do ano passado. Os dados são da consultoria IDC, em pesquisa patrocinada pela empresa de informática Cisco. (www.marketingdigital.com.br)

A Internet possui poder de integração ao mesmo tempo que permite uma variedade de mídias muito grande. Em primeiro lugar existe o próprio *site* em que o público tem contato com o CPL e pode ser alvo das ações e promoções de venda, que, infelizmente, à época desta pesquisa, apresentava erro no acesso — www.modapraiacabofrio.com.br — e não foi possível trazer sua visualização. A própria existência de erro no acesso, durante meses, representa um descuido por parte da governança do CPL, que repercute como obstáculo ao seu crescimento, na medida em que impede o acesso de seu próprio público consumidor.

Mas a Internet permite ainda uma integração com mídias audiovisuais. Isso significa que os programas e atividades radiofônicas geradas pela rádio do CPL sejam veiculados por meio dela. De duas formas pode-se disponibilizar a informação pelo portal de acesso do CPL, on-line, ao vivo, permitindo, inclusive, interação de compra ou informações, e na forma de arquivo (*podcast*) que pode ser baixado a qualquer momento, de acordo com a comodidade do público.

O direcionamento não apenas é importante pela segmentação do mercado que proporciona mais resultados de vendas e menores custos, mas também porque, conforme a pesquisa, existe um público bem determinado e focado. A interatividade vai permitir um acompanhamento do perfil e do desejo do público consumidor, além de proporcionar resultados imediatos de informação e vendas. A customização atende exatamente à própria constatação antiatacadista do presidente da Acirb, com relação ao diferencial criativo do CPL: "A nossa grande característica do Polo, que é linda, é a diversidade de produtos dentro do mesmo segmento. Você vai encontrar biquínis diferenciados em cento e setenta lojas". Ou seja, possibilidade da criação de biquínis customizados para clientes exclusivos, como, em parte, já se faz em menor grau nas lojas.

Isso traz eficácia competitiva. Isso traz desempenho de vendas. Isso traz empregos e renda para o setor. Isso traz a manutenção anual de um polo de produção especializado, contribuindo para o desenvolvimento daquela localidade.

Mas a partir do uso de duas ferramentas promocionais, a *web* e a rádio, mesmo as ações eventuais de participações nas feiras programadas pela governança ou pelos próprios membros, como as que foram citadas aqui, podem ser estendidas no tempo, possibilitando uma multiplicação da publicidade alcançada naturalmente pela realização dos eventos, propagando os resultados do evento no local de venda e na página virtual.

No estudo, identificamos como os atores do APL de Moda Praia de Cabo Frio/RJ desenvolvem suas mídias, para demonstrarmos como estas se fazem necessárias e, por senso comum ou por intuição, elas são implantadas mesmo sem um planejamento adequado. Verificamos: 1) a existência da Mídia nesse arranjo, da forma como foram utilizadas e como poderiam ser mais bem exploradas; 2) o controle da informação pelos atores dos arranjos produtivos, a implementação de mídias locais que interajam com a própria comunidade e com a mídia dominante, no acesso a mercados, e a geração dos conteúdos que devam ser comunicados é fator inerente à própria constituição do arranjo; 3) por fim, e de forma mais incisiva, demonstramos como deveriam e não estão sendo gerados os conteúdos comunicacionais que interferem: (a) na expressão das realidades do arranjo e a importância da mobilização dos atores para o desenvolvimento de ações midiáticas que atraiam consumidores dos produtos e novos atores para o processo; e (b) como essas organizações podem ser decisivas para a determinação dos destinos dos atores mediante o gerenciamento e controle de sua própria Mídia.

Com a revisão dos instrumentos bibliográficos e das ferramentas utilizadas na Mídia e identificadas pelo estudo de campo, recomenda-se:

1. O uso dos recursos da *web* (Internet) utilizando uma equipe de geração de conteúdos tomados diretamente da própria comunidade, direcionando para a divulgação dos produtos e o uso intensivo de e-mail marketing, associado com *blogs* relacionados ao assunto e outros *sites* de parceiros fornecedores, que é uma ação potente pelo uso intenso dos benefícios que a tecnologia da informação pode trazer. O aproveitamento intenso de recursos audiovisuais para beneficiar a comunicação com o mercado consumidor de um produto que tem como seu forte atrativo a exposição visual é o mais adequado de uso.

2. O ponto de venda, o local criado pelos membros do CPL para a exposição e venda de seus produtos, que apresenta um planejamento visual atrativo para o consumidor, como demonstrado nas imagens colhidas no local e integrantes deste trabalho, também deve ser objeto de ação comunicacional, por meio da instalação de uma rádio em circuito fechado, em que podem ser veiculadas informações, serviços e promoções, continuamente. Mesmo sem uma diretriz inserida na própria organização do CPL, seus membros têm procurado no uso da Mídia a saída para a comercialização dos seus produtos.

Essas ações vêm se somar às descritas a respeito desse outro tipo de presença na Mídia proposta pelas ações que foram desenvolvidas pela governança, que é a chamada Mídia espontânea, ou publicidade.

Como resultado dessa proposta, a solução que pode ser aplicada é a criação de um núcleo de comunicação com a responsabilidade de gerar os conteúdos a serem veiculados na rádio ao vivo e na Internet, como sugeridos, a manutenção do *site* e a produção de conteúdos audiovisuais sob a forma de filme de curta duração para a divulgação do arranjo. O conhecimento necessário deve ser disponibilizado mediante a participação de uma instituição universitária, repassando e supervisionando por meio de projetos extensionistas. O equipamento necessário pode ser adquirido pelo apoio de fundos destinados ao desenvolvimento de arranjos produtivos.

Esse núcleo pode planejar e executar ações de marketing como as sugeridas neste trabalho, incluindo as ações locais, como, por exemplo, o uso de *bluetooth*, que necessita apenas de um programa nos computadores do núcleo, já que não há custo de transmissão no envio de mensagens.

Por fim, encerramos este livro com uma proposta não de apoiar um controle de Mídia governamental, mas, muito pelo contrário, do estabelecimento de criação de seus próprios conteúdos comunicacionais e de um controle de sua própria veiculação utilizando uma Mídia própria, que se torna acessível e possível com o uso da Internet e das ferramentas de Marketing.

Uma Mídia controlada pelos próprios atores e Governança do próprio Arranjo Produtivo Local.

REFERÊNCIAS

ARAÚJO, M. C. P. **Convergência Tecnológica dos Meios de Comunicação**. Apresentação para o Conselho de Comunicação Social do Congresso Nacional: Brasília, 2005. Disponível em: www.senado.gov.br. Acesso em: 22 abr. 2008.

BARBERO, J. M. **Dos Meios às Mediações**. Rio de Janeiro: Ed. UFRJ, 2003.

BECATTINI, G. O distrito industrial "marshalliano". *In:* BENKO, G.; LIPIETZ, A. (org.). **As regiões ganhadoras**. Oeiras: Editora Celta, 1994.

BORDIEU, P. **Sobre a televisão**. Rio de Janeiro: Zahar, 1997.

BORIN, E. C. P. **Análise das Políticas do Sebrae/RJ – Serviço de Apoio às Micro e Pequenas Empresas do Estado do Rio de Janeiro em Arranjos Produtivos Locais (APLs)**. Rio de Janeiro: UFRJ/IPPUR, 2002.

BORIN, E. C. P. O Sebrae e os arranjos produtivos locais: o caso de Friburgo. *In:* XI **Semana de Planejamento Urbano e Regional da UFRJ, 2005**. Rio de Janeiro. XI Semana de Planejamento Urbano e Regional da UFRJ, 2005.

BRITTO, J. **Características Estruturais dos Clusters Industriais na Economia Brasileira**. Rio de Janeiro: UFRJ/IE, 2000.

CAPORALI, R.; VOLKER, P. (org.). **Metodologia de Desenvolvimento dos Arranjos Produtivos Locais – Projeto PROMOS/Sebrae/BID**, versão 2.0. Brasília: Sebrae, 2004.

CHOMSKY, N.; HERMAN, E. S. **Manufacturing Consent:** The political economy of Mass Media. New York: Pantheon Books, 1988.

FREIRE, P. **Educação como Prática da Liberdade**. 22. ed. Rio de Janeiro: Paz e Terra, 1994.

GOMES, R. Análise de dados em pesquisa qualitativa. *In:* MINAYO, M. C. de S. (org.). **Pesquisa social:** teoria, método e criatividade. Petrópolis: Vozes, 1994.

GUARESCHI, P.; BIZ, O. **Mídia, Educação e Cidadania.** Rio de Janeiro: Vozes, 2005.

GUITARRARA, P. Globalização: o que é, causas, características, efeitos. **Brasil Escola.** Disponível em: https://brasilescola.uol.com.br/geografia/globalizacao.htm. Acesso em: 20 jan. 2024.

HABERMAS, J. **O Discurso da Modernidade.** São Paulo: Martins Fontes, 2002.

HARARI, Y. N. **Sapiens:** uma livre história da humanidade. São Paulo: Companhia das Letras, 2020.

HASENCLEVER, L. **Potencial Competitivo das Empresas de Confecção do Estado do Rio de Janeiro.** Rio de Janeiro: Sebrae, 2004.

HENRIQUES, M. S. (org.). **Comunicação e Estratégias de Mobilização Social.** 2. ed. Belo Horizonte: Autêntica, 2004.

IBGE. Série Histórica do PIB. Disponível em: https://agenciadenoticias.ibge.gov.br. Acesso em: 01 fev. 2024.

INSTITUTO CIDADANIA. Projeto Política Nacional de Apoio ao Desenvolvimento Local. Instituto Cidadania: 2006, 116 pags. Disponível em https://polis.org.br. Acesso em: 14 set. 2008.

JORNAL Nacional. A notícia faz história/Memórias Globo. Rio de Janeiro: Zahar, 2004.

KOTLER, P. **Princípios de Marketing.** Rio de Janeiro: Prentice Hall, 2004.

LASTRES, H. M. M; CASSIOLATO, J. E.; MACIEL, M. L. **Pequena Empresa, cooperação e desenvolvimento local.** Rio de Janeiro: Relume Dumará – UFRJ/IE, 2003.

LASTRES, H. M. M.; ALBAGLI, S. (org.). **Informação e Globalização na Era do Conhecimento.** Rio de Janeiro: Campus, 1999.

LÈVY, P. **As tecnologias da inteligência**: o futuro do pensamento na era da informática. Rio de Janeiro: Ed. 34, 1993.

LIMA, A.; RAMOS, M. C. A TV no Brasil: desinformação e democracia. **Revista de Cultura Vozes**, ano 78, n. 9, p. 673-678, nov. 1984.

MESQUITA, M. de P. **Mídia Cidadã:** dificuldades para atingir o alvo. Disponível em: www.observatoriodaimprensa.com.br. Acesso em: 21 abr. 2008.

MDIC. Portaria Interministerial n° 200 de 02/08/2004, Publicado D,O.U. de 03/08/2004, pag. 17.

NETO, O. C. O trabalho de campo como descoberta e criação. *In:* MINAYO, M. C. de S. (org.). **Pesquisa social:** teoria, método e criatividade. Petrópolis: Vozes, 1994.

PESQUISA T1 E T2. **Geor – Confecção de Moda Praia de Cabo Frio.** Rio de Janeiro: Sebrae, 2008.

PORTER, M. E. **Vantagem Competitiva das Nações.** 5. ed. Rio de Janeiro: Ed. Campus, 1993.

PORTER, M. E. **On Competition:** Estratégias Competitivas Essenciais. Rio de Janeiro: Campus, 1999.

PORTER, M. E. Clusters and the new economics of competition. **Harvard Business Review**, nov./dec. 1998. Fundação Getúlio Vargas. CLUSTERS: CAPACITAÇÃO PARA O DESENVOLVIMENTO DE AGLOMERAÇÕES. Agosto 2000.

REVISTA DEBATES, Porto Alegre, v.1, n.1, p. 6-25, jul.-dez. 2007.

RUA DOS BIQUINIS, Cabo Frio – **Relatório de Pesquisa.** Sebrae; RF Pesquisa/Instituto Gênesis – PUC-Rio, 2007.

SEBRAE. Inteligência Comercial (IC) para Arranjos Produtivos Locais, de agosto de 2004. Disponível em: https://sebrae.com.br/sites/Portal-Sebrae/Busca?q=Manual%20Operacional%20Intelig%C3%AAncia%20 Comercial%20IC%20para%20Arranjos%20Produtivos%20Locais.

SENETT, R. **A corrosão do Caráter:** consequências pessoais do trabalho no novo capitalismo. Rio de Janeiro: Record, 1999.

SHETH, J.; ESHGUI, A.; KRISHNAN, B. **Marketing na Internet**. Porto Alegre: Bookman, 2002.

STIGLITZ, J. E. **A Globalização e seus Malefícios**. Tradução de Bazán Tecnologia Lingüística. São Paulo: Futura, 2002.

THOMPSON, J. B. **A Mídia e a Modernidade**. Petrópolis: Vozes, 1995.

WAISMAN, T. **TV digital interativa na educação:** afinal, interatividade para quê? Escola do Futuro da USP, 2002. Disponível em: www.futuro.usp.br/producao_cientifica/artigos/itv.pdf. Acesso em: 22 abr. 2008.